社会工作作为专业力量参与脱贫攻坚，
将专业队伍、专业方法、专业力量运用到脱贫攻坚的工作中，
发挥了不可替代的专业优势和人才优势，
提升了反贫困工作的专业性。

国家出版基金项目
NATIONAL PUBLICATION FOUNDATION

大国攻坚·反贫困社会工作丛书
丛书主编　向德平

反贫困社会工作案例研究：协会实践

向德平　主编

華東理工大學出版社
EAST CHINA UNIVERSITY OF SCIENCE AND TECHNOLOGY PRESS
·上海·

图书在版编目(CIP)数据

反贫困社会工作案例研究：协会实践 / 向德平主编
. — 上海：华东理工大学出版社，2020.12(2024.12 重印)
(大国攻坚·反贫困社会工作丛书 / 向德平主编)
ISBN 978-7-5628-6425-7

Ⅰ.①反…　Ⅱ.①向…　Ⅲ.①扶贫—社会工作—研究—中国　Ⅳ.①F126

中国版本图书馆 CIP 数据核字(2020)第 271788 号

内容提要

本书描述中国社会工作教育协会组织高校社会工作专业力量参与脱贫攻坚的历程，记录中国社会工作教育参与脱贫攻坚的历史实践，呈现社会工作教育反贫困的主要做法和经验，展示社会工作教育反贫困的成就，为社会工作教育反贫困的理论建设和实践探索提供资料积累与经验启示。

策划编辑 / 刘　军
责任编辑 / 秦静良
装帧设计 / 王　翔
出版发行 / 华东理工大学出版社有限公司
地址：上海市梅陇路 130 号，200237
电话：021-64250306
网址：www.ecustpress.cn
邮箱：zongbianban@ecustpress.cn
印　　刷 / 上海中华商务联合印刷有限公司
开　　本 / 710 mm×1000 mm　1/16
印　　张 / 12.75
字　　数 / 144 千字
版　　次 / 2020 年 12 月第 1 版
印　　次 / 2024 年 12 月第 2 次
定　　价 / 78.00 元

丛书总序

我国以脱贫攻坚为标志的国家级重大反贫困行动，于2020年年底取得了预期成果，绝对贫困总体上被消除。脱贫攻坚可以说是中国乃至世界反贫困史上的一件大事，值得书写一笔。社会工作作为一种专业力量参与其中，并发挥了重要作用，其实践和经验值得总结。由向德平教授主编的“大国攻坚·反贫困社会工作丛书”在这方面做了开创性的工作，值得我们称赞。

一、社会工作参与反贫困是一项重大的专业实践

（一）反贫困是社会工作的一项核心任务

社会工作自产生之日起，就与反贫困结下了不解之缘。不是社会工作“贪恋”反贫困，而是贫困给贫困群体带来了巨大的痛苦。社会工作作为一种以帮助困难群体缓解困难、追求社会公正与社会进步为己任的专业，理应把反贫困的责任放在自己的肩上。在世界社会工作反贫困历史上，发达国家的社会工作参与反贫困基本上是通过实施社会救助和社会慈善的方式进行的，并形成了社会工作的著名模式。第二次世界大战以后，发展中国家的反贫困主要面向农村展开，经济开发、社区发展成为其主要模式，20世纪50年代联合国倡导的社区发展原则正是社会工作参与反贫困所应遵循的。20世纪80年代以后出现的发展型社会工作，一方面与发展中国家的政府、社会工作者、发展工作者的实践有关，另一方面也受产生于发达国家的社会投资

等理论的影响。这些实践取得了一定的成绩，也为后来发展中国家的反贫困提供了借鉴和参照。

我国作为经济社会政策和发展项目的反贫困工作是从20世纪80年代中期开始的，最初是经济开发，接着是扶贫攻坚，主要是发展经济，由政府部门、国有大中型企业和贫困农户承担主要责任。2015年，我国开始实施脱贫攻坚工程，中央明确要求形成由专项扶贫、行业扶贫和社会扶贫互为补充的大扶贫格局，做到扶贫开发与经济社会发展相互促进，不但注重产业脱贫，而且加强教育等多层面脱贫；要求坚持群众主体，激发内生动力，注重扶贫扶智，增强贫困人口自我发展的能力，同时实施扶贫志愿者行动计划和社会工作专业人才服务贫困地区计划。这样，社会工作力量作为脱贫攻坚的有机组成部分，有了“特殊”的实践机会，也能够更有针对性地参与反贫困行动。2017年，《民政部 财政部 国务院扶贫办关于支持社会工作专业力量参与脱贫攻坚的指导意见》（以下简称《意见》）要求中国社会工作教育协会发挥推动作用，进行教育扶贫。同时，我国开始实施社会工作服务机构“牵手计划”，从发达地区选择专业性强的社会工作服务机构，与贫困地区社会工作服务机构等进行结对。社会工作教育界积极响应政府部门的号召，组织、动员和支持各社会工作院系参与这一具有历史意义的反贫困行动。各类群体参与脱贫攻坚成为中国社会工作重建以来，规模最大、时间较长、有组织、有目标要求的集体性行动。

（二）社会工作参与脱贫攻坚取得了积极成果

按照民政部等部门的《意见》，中国社会工作教育协会参与脱贫攻坚是教育扶贫，其主要任务如下：高校社会工作专业院系要与贫困地区合作建立社会工作专业培训、教师实践和学生实习实训基地，帮助贫困地区培养社会工作专业人才；高校社会工作专业教师到贫困地区开展专业督导，引导社会工作专业在校生到贫困地区进行社会实践；支持鼓励社会工作专业毕业生到贫困地区就业。在中国社会工作教育协会的组织动员下，各社会工作院系秉持专业精神、发挥主观能动性，组织师生、链接资源、深入贫困地区，开展了多项服务，较好地完成了《意见》提出的任务，并尽己所能地为贫困地区的居民做贡献，在脱贫攻坚中取得了不少开创性成果。社会工作教育界支持了贫困地区的脱贫工作，促进了贫困地区社会工作人才和专业力量的发展，也获得了参与反贫困的直接经验，使我们感受到了当地干部群众和派驻的扶贫干部在反贫困中表现出来的坚韧不拔的精神。同时，参与脱贫攻坚也成为各社会工作院系坚持理论联系实际、开展实践教学、在实践中培养学生、在比较中进行研究的重要场域，因而参与者的收获是丰硕的。

对于参与脱贫攻坚，中国社会工作教育协会领导班子给予了高度重视，设计行动计划、动员组织力量，推动了整个工作向前发展。中国社会工作教育协会还建立了反贫困社会工作专业委员会，在贯彻落实协会的总体部署、推动整个活动发展方面发挥了积极作用。作为反贫困社会工作专业委员会的负责人，向德平教授和他主持的反贫困研究机构积极配合、主动工作，有力地推动了中国社会工作教育协会工作的开展。

二、社会工作界参与反贫困是理论与实践比较、互动和提升的过程

（一）社会工作教育界参与反贫困是理论与服务实践的互动过程

社会工作教育界参与反贫困的特点是，一批批具有深厚社会工作理论

与知识积累的高校教师和研究生、高年级本科生开展实践活动，这同时也是他们走出课堂和校门开展社会工作服务的过程。在一定意义上，它是理论指导实践的过程，也是实践检验书本知识和理论的过程。反贫困工作是在自然环境复杂、文化传统多样的贫困地区展开的，社会文化因素深深地影响着反贫困行动的开展。在上述经济、政治、社会、文化背景下开展的反贫困，必然比书本上介绍的复杂得多。社会工作界参与反贫困，必然会遇到上述复杂因素的影响，会遇到许多亟待解决的"中国式"问题。这是一个不断比较、选择、实践和反思的过程。对社会工作教育界来说，这是一系列挑战，也是在克服困难中不断成长的过程。

（二）书写经验是反贫困理论和实践成果的延伸

社会工作者的基本品格是奉献和共享发展成果，同时社会工作教育界又有改进教育、传播知识、贡献社会的责任。从这个角度来说，将参与反贫困的经验和思考写出来，是十分有意义的事情。向德平教授主编的这套书正是此种努力的体现。该丛书组织了国内社会工作界 20 多位专家学者，基于社会工作实践，总结反贫困的相关模式和经验，生产社会工作知识，价值显而易见。

该丛书以实践为基础，兼顾了反贫困知识和实践的完整性。它是多视角、全方位和具有整体性的。其主要视角包括社区为本视角、抗逆力视角、内生动力视角、资产建设视角、金融服务视角、可行能力建设视角、赋权视角、贫困治理视角、心理弹性和生涯辅导视角等。它关注的服务对象主要包括儿童、老年、妇女、残疾人及西部农村中的弱势群体。该丛书既介绍既有的社会工作理论，也介绍中国特色的社会工作实践。基于本土实践，它介绍了社会工作参与反贫困模式的多样化和经验的多元化，反映了中国反贫困的经验及社会工作参与反贫困的机制，阐明了专业社会工作是如何发挥专业优势、实现服务效能的。

该丛书也是系列教材，体现了从理论到实践、从实践到知识的转化过程。这里包含了对反贫困知识和理论的选择，包括在实践中对社会工作知识的运用和反思，也包括基于实践的知识建构，还包括不同类型和不同层次的建议。该丛书内容丰富，有借鉴、有创新，可指导实践，也为反贫困研究提供了参考框架，是反贫困领域的学术力作，是社会工作本土化的重要成果。

三、在乡村振兴中更好地运用和发展社会工作参与反贫困的经验

到2020年年底，我国在总体上消灭了绝对贫困，但是相对贫困还会长期存在。中国共产党第十九届中央委员会第五次全体会议提出“实现巩固拓展脱贫攻坚成果同乡村振兴有效衔接”，我国巩固脱贫成果和反贫困的任务依然是十分繁重的。在走向乡村振兴、实现共同富裕的进程中，已经取得的反贫困经验在一定程度上依然有效，这与相对贫困现象在地域、群体、经济状况、社会生态和文化上的连续性密切相关。当然，相对贫困也有自身的特点，贫困群体有了以往反贫困的经验，有了相对好的经济基础和社会生活条件，他们摆脱贫困的内在动力和能力也有所增强。但是我们也要看到，在新的国际国内形势下，面对不断加剧的市场化竞争，相对贫困群体的生存压力不会减少，反贫困的发展性要求会更加突出。我国已经进入社会主义现代化建设的新阶段，要贯彻新的发展理念，构建以国内大循环为主体、国内国

际双循环相互促进的新发展格局，其中乡村全面振兴、遏制返贫现象发生、实现共同富裕任务艰巨。在这种背景下，社会工作者在参与脱贫攻坚中获得的经验仍然有重要的参考价值。我们也期待社会工作者群体在参与乡村振兴和解决相对贫困问题方面取得新的成果。

把论文写在祖国大地上，中国社会工作教育界以自己的实际行动在认真践行。

王思斌
北京大学社会学系

主 编 序

打赢脱贫攻坚战，是实现中华民族伟大复兴的底线要求，是贫困地区与全国一起全面建成小康社会的关键之举，是实现国家长治久安的重要保障。

我国扶贫开发进入精准扶贫、精准脱贫的新阶段。精准扶贫战略贵在精准，精准与专业具有同构性，只有调动专业的力量参与精准扶贫，才能进一步提升精准识别、精准帮扶、精准管理的精准度，才能更专业地解决贫困人口在脱贫过程中的个性问题与发展问题。社会工作参与脱贫攻坚具有重要的意义，在反贫困工作中扮演着重要的角色。

社会工作作为专业力量参与脱贫攻坚，将专业队伍、专业方法、专业力量运用到脱贫攻坚的工作中，发挥了不可替代的专业优势和人才优势，提升了反贫困工作的专业性。事实上，社会工作起源于贫民救济或慈善事业，其发展的历史就是人们与贫困做斗争的历史。社会工作的专业方法、理念正是人们在与贫困及相关社会问题做斗争的实践中逐步形成和发展起来的，因此，社会工作参与脱贫攻坚具有深厚的历史基础和重大的现实意义。社会工作参与脱贫攻坚是社会扶贫的重要组成部分。作为精准扶贫的专业力量，社会工作通过需求评估，精准识别贫困人口及其致贫原因；通过资源整合，动员与协调各方扶贫力量和扶贫资源；通过提升扶贫对象的能力，激发和提升扶贫对象的内生动力和可行能力。社会工作参与脱贫攻坚，有助于提高反贫困工作的精准性和可持续性，实现由“输血型”扶贫向“造血型”扶贫、救助型扶贫向发展型扶贫的转变。

党中央、国务院十分重视社会工作专业人才服务贫困地区的工作，《中共中央 国务院关于打赢脱贫攻坚战的决定》（中发〔2015〕34号）、《中华人民共和国国民经济和社会发展第十三个五年规划纲要》和《国务院关于印发"十三五"脱贫攻坚规划的通知》（国发〔2016〕64号）对实施社会工作专业人才服务贫困地区计划、支持专业社会工作和志愿服务力量参与脱贫攻坚提出了明确的要求。为贯彻落实党中央、国务院的决策部署，支持社会工作专业力量参与脱贫攻坚工作，《民政部 财政部 国务院扶贫办关于支持社会工作专业力量参与脱贫攻坚的指导意见》发布，民政部办公厅、国务院扶贫办综合司出台了《社会工作教育对口扶贫计划实施方案》。

为落实《民政部 财政部 国务院扶贫办关于支持社会工作专业力量参与脱贫攻坚的指导意见》的精神，贯彻实施民政部、国务院扶贫办联合制定的《社会工作教育对口扶贫计划实施方案》，深入推进教育扶贫工作，全国社会工作专业学位研究生教育指导委员会和中国社会工作教育协会积极实施"社会工作教育对口扶贫计划"，组织全国200多所高校参与社会工作教育对口扶贫工作。在反贫困社会工作实践中，社会工作教育和实践工作者积极探索，积累了较丰富的实务经验，总结了一批典型案例，产出了一系列理论成果。本丛书是中国社会工作参与反贫困成果的系统呈现。

2019年3月16日，中国社会工作教育协会反贫困社会工作专业委员会与华东理工大学出版社在武汉举行"大国攻坚·反贫困社会工作丛书"启动仪式。来自十几所高校的20余名作者代表参加了会议。会议研讨、确定了本套丛书的写作框架和主要内容。

本丛书是在全国社会工作专业学位研究生教育指导委员会、中国社会工作教育协会的指导下，由中国社会工作教育协会反贫困社会工作专业委员会具体组织完成的。王思斌教授、阮曾媛琪教授、谢立中教授、蔡禾教授、关信平教授、马凤芝教授、彭华民教授全力支持反贫困社会工作专业委员会的工作，指导本丛书的编写。

中国社会工作教育协会前任会长徐永祥教授高度重视本丛书的编写工作，为丛书的编写和出版提供了巨大的支持。本丛书寄托了全体社会工作同仁对徐永祥教授的深沉怀念！

感谢所有关心、支持本丛书的专家和同仁！

向德平
华中科技大学社会学系

前　言

打赢脱贫攻坚战，是促进全体人民共享改革发展成果、创造美好生活、实现共同富裕的重大举措。中国社会工作教育协会和全国社会工作专业学位研究生教育指导委员会深入贯彻《民政部 财政部 国务院扶贫办关于支持社会工作专业力量参与脱贫攻坚的指导意见》吹响社会工作教育扶贫的集结号，组织各高校社会工作教育者积极发挥专业优势，实施社会工作教育对口扶贫计划，助力脱贫攻坚。

《民政部 财政部 国务院扶贫办关于支持社会工作专业力量参与脱贫攻坚的指导意见》明确提出，社会工作专业力量参与脱贫攻坚工作，要坚持党政引领、协同推进，将发展专业社会工作纳入当地党委政府关于脱贫攻坚的总体安排中，同其他扶贫工作一同部署、协同推进；坚持以人为本、精准服务，科学评估贫困群众的服务需求，分类制订个性化的扶贫方案，有效配置扶贫资源，灵活选择服务方式，开展有针对性的个案服务，助力精准扶贫、精准脱贫；坚持东西协作、广泛参与，充分发挥东部发达地区社会工作专业人才、资源优势，采用定点帮扶、对口支援、结对共建等方式帮助西部贫困地区发展壮大社会工作专业力量，开展专业社会工作服务；坚持以群众为主体、助人自助，发挥社会工作专业人才组织协调、资源链接、宣传倡导的优势，激发贫困群众的内生动力，帮助贫困群众建立健全社会支持系统，支持贫困群众提升自我脱贫、自我发展的能力。

中国社会工作教育协会启动“社会工作教育对口扶贫服务示范项目”，

组织动员202所高校对口扶贫120个国家级贫困县，开展教育对口扶贫和社会工作专业服务。

本书描述中国社会工作教育协会组织高校社会工作专业力量参与脱贫攻坚的历程，记录中国社会工作教育参与脱贫攻坚的历史实践，呈现社会工作教育反贫困的主要做法和经验，展示社会工作教育反贫困的成就，为社会工作反贫困的理论建设和实践探索提供资料积累与经验启示。

向德平

目　录

CONTENTS

第一章　概　　述

消除贫困、改善民生、逐步实现共同富裕，是社会主义的本质要求。① 扶贫济困、助人自助、促进社会公平，是社会工作的专业目标和价值观所在。自党中央、国务院做出打赢脱贫攻坚战的决策部署以来，中国社会工作教育协会和全国社会工作硕士专业教育指导委员会率先在反贫困领域内吹响了“集结号”，动员广大社会工作教育者积极参与脱贫攻坚，实施社会工作教育对口扶贫计划。

第一节　社会工作教育反贫困概况

一、社会工作教育反贫困的背景

习近平同志在十九大报告中指出，中国特色社会主义进入新时代，我国社会主要矛盾已经转化为人民日益增长的美好生活需要和不平衡不充分的

① 中共中央、国务院：《中共中央 国务院关于打赢脱贫攻坚战的决定》，https：// baike. baidu. com/ item/ 中共中央国务院关于打赢脱贫攻坚战的决定/ 18940922？ fr＝aladdin，访问日期：2019 年 7 月 7 日。

发展之间的矛盾。我们要在继续推动发展的基础上，着力解决好发展不平衡不充分问题，大力提升发展质量和效益，更好满足人民在经济、政治、文化、社会、生态等方面日益增长的需要，更好推动人的全面发展、社会全面进步。① 打赢脱贫攻坚战，是化解新时代我国社会主要矛盾、解决发展不平衡不充分问题的重点工程。党的十九大做出了让贫困人口和贫困地区同全国一道进入全面小康社会的庄严承诺，对在全面建成小康社会决胜阶段打赢脱贫攻坚战做出了战略部署。2020 年是脱贫攻坚的决战决胜之年，党和政府动员全社会力量参与脱贫攻坚，确保如期完成脱贫任务，全面建成小康社会。

社会工作专业人才是为贫困群众提供心理疏导、精神关爱、关系调适、能力提升等社会服务的新兴力量，在帮助贫困群众转变思想观念、树立自我脱贫信心、拓宽致富途径、提升自我脱贫能力等方面可以发挥积极作用。党中央、国务院十分重视社会工作专业人才服务贫困地区的工作，《中共中央 国务院关于打赢脱贫攻坚战的决定》(中发〔2015〕34 号)、《国民经济和社会发展第十三个五年规划纲要》和《国务院关于印发“十三五”脱贫攻坚规划的通知》(国发〔2016〕64 号)提出了“实施社会工作专业人才服务贫困地区计划”和“制定出台支持专业社会工作和志愿服务力量参与脱贫攻坚专项政策”的要求。②

---

① 习近平：《决胜全面建成小康社会 夺取新时代中国特色社会主义伟大胜利——在中国共产党第十九次全国代表大会上的报告》，http：// www. xinhuanet. com // politics/ 19cpcnc/ 2017—10/ 27/ c_1121867529. htm，访问日期：2019 年 7 月 7 日。

② 民政部、财政部、国务院扶贫办：《民政部 财政部 国务院扶贫办关于支持社会工作专业力量参与脱贫攻坚的指导意见》，http：// www. cpad. gov. cn/ art/ 2017/ 8/ 8/ art_46_67164. html，访问日期：2019 年 7 月 8 日。

为贯彻落实以上要求,2017 年 6 月 27 日,《民政部 财政部 国务院扶贫办关于支持社会工作专业力量参与脱贫攻坚的指导意见》(民发〔2017〕119 号)(简称《指导意见》)出台,提出动员和凝聚社会力量参与支持帮助贫困地区培养社会工作专业人才、发挥社会工作在助力脱贫攻坚中的重要作用、实施社会工作教育对口扶贫计划。社会工作教育对口扶贫计划是社会工作专业力量参与脱贫攻坚的四大主体工程之一,也是四大主体工程中唯一一个全部由社会力量运作、社会资金支持、志愿形式参与的项目。

二、社会工作教育反贫困的领域

《指导意见》明确了社会工作教育反贫困的主要领域,包括以下几个方面:

第一,参与贫困群众救助帮扶。为社会救助对象提供心理疏导、社会融入、团体互助、宣传倡导等服务,推动健全物质资金帮扶与心理社会支持相结合、基本救助服务与专业个性化服务相补充的新型社会救助模式。

第二,参与贫困群众脱贫能力建设。配合有关部门、会同有关社会力量帮助有劳动能力的贫困群众转变思想观念、增强脱贫信心、增添内生动力,促进其发挥潜能、提升技能、互帮互助、积极就业创业、通过增加收入来脱贫致富。

第三,促进易地搬迁贫困群众的融合适应。社会工作者帮助因自然条件恶劣需易地搬迁的贫困群众疏导不良情绪、加强关系调适、联系就业资源、发展自助互助组织、重构社会支持网络,促进其更好地融入新的社区生活。

第四，参与贫困地区留守儿童关爱保护。社会工作者以困境儿童为关注重点，开展成长辅导、法制宣教、临界预防、行为矫正、社交指导、情绪疏导等服务。配合学校和社区做好适龄儿童“控辍保学”工作和成长关爱服务。

第五，针对其他特殊困难人群开展关爱服务。社会工作者为贫困地区特殊困难老年人提供精神慰藉、生活照顾、权益保障、临终关怀等服务；为贫困地区特殊困难妇女提供精神减压、心理支持、亲职辅导、权益维护等服务；对贫困地区有不良行为的青少年、社区服刑人员、刑满释放人员等特殊人群强化心理社会支持，帮助其改善家庭和社区关系，恢复和发展其社会功能。①

三、社会工作教育反贫困的目标

第一，提高扶贫成效。社会工作教育对口扶贫可以直接加大对贫困地区（包括深度贫困地区）的对口扶持力度，帮助贫困地区培养社会工作专业人才，增强贫困地区运用社会工作理念、知识与方法开展扶贫工作的能力，增强精准扶贫实效。同时，社会工作助人自助的专业理念、专业方法有利于改变贫困社区的问题困境和贫困文化，发掘贫困情境中蕴藏的优势资源，激发贫困群体脱贫的内生动力。

第二，培养专业人才。中国社会工作专业院校尤其是农业院校、民族院校和西部地区的院校通过开设与“反贫困社会工作”相关的系统性课程，

① 民政部、财政部、国务院扶贫办：《民政部 财政部 国务院扶贫办关于支持社会工作专业力量参与脱贫攻坚的指导意见》，http：//www.cpad.gov.cn/art/2017/8/8/art_46_67164.html，访问日期：2019 年 7 月 8 日。

为贫困地区培养一大批“懂农业、爱农村、爱农民”，系统掌握专业理念和实务知识的专业人才。同时，指导反贫困的专业人才在学院与实务场域（实训基地）“学中做，做中学”，在理论与实践的循环往复过程中助其成才。①

第三，发挥社会力量的作用。社会工作教育反贫困要充分发挥中国社会工作教育协会、全国社会工作专业学位研究生教育指导委员会、社会工作相关院校等社会力量的作用，不仅为扶贫项目的实施、管理和产出提供实践样本，也为社会力量参与国家重大战略项目提供一种介入模式和策略。

四、社会工作教育反贫困的要求

按照党中央、国务院关于打赢脱贫攻坚战的一系列决策部署要求，充分发挥中国社会工作教育协会、全国社会工作专业学位研究生教育指导委员会（简称“全国 MSW 教指委”）、开设社会工作专业的有关院校等社会力量的作用，加大对贫困地区（包括深度贫困地区）的对口扶持力度，力争到 2020 年，促成至少 200 所与社会工作相关的院校同贫困县建立社会工作专业培训、教师实践和学生实习实训基地。

支持社会工作专业力量参与脱贫攻坚工作，要坚持党政引领、协同推进，将发展专业社会工作纳入当地党委、政府关于脱贫攻坚的总体安排中，同其他扶贫工作一同部署、协同推进；坚持以人为本、精准服务，科学评估贫

① 马晓晗、向德平、顾东辉、张和清、向荣：《教育扶贫：贫困地区社会发展的智力支持之源》，《中国社会工作》2018 年第 4 期。

困群众的服务需求，分类制订个性化扶贫方案，有效配置扶贫资源，灵活选择服务方式，开展有针对性的个案服务，助力精准扶贫、精准脱贫；坚持东西协作、广泛参与，充分发挥东部发达地区社会工作专业人才与资源优势，采用定点帮扶、对口支援、结对共建等方式帮助西部贫困地区发展壮大社会工作专业力量，开展专业社会工作服务；坚持以群众为主体、助人自助，发挥社会工作专业人才组织协调、资源链接、宣传倡导的优势，激发贫困群众的内生动力，帮助贫困群众建立健全社会支持系统，支持贫困群众提升自我脱贫、自我发展能力。①

具体要求主要包括以下几点：

第一，社会工作教育对口扶贫计划要保证完成规定动作。民政部办公厅、国务院扶贫办综合司联合印发的《社会工作教育对口扶贫计划实施方案》对社会工作教育对口扶贫计划要完成的"硬指标"提出了明确的要求，其中基地建设是"硬中之硬"，也是"重中之重"。这些扎根贫困地区的实习实训基地一旦被建成，就是贫困地区社会工作发展的星星之火，功在当代，利在千秋。

第二，社会工作教育对口扶贫要扶出优势、扶出特色。社会工作教育在对口扶贫的过程中，要用优势视角挖掘潜在资源，通过一系列专业活动，将物质扶贫、产业扶贫、文化扶贫等有机结合起来，为贫困地区的群众赋权增能，帮助其转变观念、树立信心、增强能力，切实走出一条社会工作"扶志""扶智"的扶贫之路，真正帮助贫困群众实现精神物质双脱贫。

① 民政部、财政部、国务院扶贫办：《民政部 财政部 国务院扶贫办关于支持社会工作专业力量参与脱贫攻坚的指导意见》，http://www.cpad.gov.cn/art/2017/8/8/art_46_67164.html，访问日期：2019 年 7 月 8 日。

第三，社会工作教育对口扶贫要做实做细基础工作。社会工作教育对口扶贫项目是社会力量参与扶贫的一个经典样本，也是社会工作参与脱贫攻坚的一个创新示范。因此，参与社会工作教育对口扶贫的人员要树立精品意识，从基础工作做起，做好舆论引导、台账健全等基础工作。

第二节 中国社会工作教育协会概述

一、中国社会工作教育协会简介

中国社会工作教育协会(以下简称“协会”)于 1994 年经民政部批准注册成立，是一个以推进社会工作教育和专业社会工作发展为目的的非营利组织，属于全国性一级学术社团。协会业务范围包括学术交流、理论研究、业务培训、国际合作、咨询服务五个方面。团体会员均为开办社会工作专业的院校，个人会员为该领域的资深学者和专家。目前协会挂靠在北京大学，秘书处设在北京大学社会学系。截至 2018 年年底，协会有团体会员 400 余个。①

二、中国社会工作教育协会的宗旨

协会以“团结国内从事社会工作教育的教学、科研和实务工作者，同心同德，互相合作，促进中国社会工作教育事业的发展”为宗旨，主要职能有：加强国内社会工作各界人士的学术交流；与国外社会工作教育团体和个人

① 中国社会工作教育协会：《中国社会工作教育协会》，http://www.caswe.org.cn/introdetails?id=1，访问日期：2020 年 3 月 31 日。

建立联系，开展国际学术交流；举办社会工作教育学术会议和专业教育培训及有关学术活动，编辑出版有关学术著作；建立专业规范体系和评估指标体系等。①

三、中国社会工作教育协会的职责

中国社会工作教育协会以推动中国社会工作教育事业发展为己任，活跃在社工专业师资培养、实践基地建设、国际学术交流等社会工作发展领域中。协会在规范社会工作专业教育、促进国内外学术交流、资助培养学生、推进中国社会工作教育的专业化和职业化、彰显社会工作专业力量等方面取得了一系列成果，为完善社会工作专业教育体系、提高社会工作专业教育发展水平、推进中国社会工作实践的本土化和全球化进程等做出了积极贡献。当前，中国社会工作教育协会已成为联络中国社会工作教育界的枢纽型社会组织，具有如下五大职能：

第一，规范专业教育。中国社会工作教育协会确立了10门社会工作专业主干课程，包括社会工作导论、个案工作、小组工作、社区工作、社会行政（社会政策）、社会保障概论、社会福利思想、社会学概论、社会调查研究方法、社会心理学等。协会创办了《中国社会工作研究》杂志，组织社会工作专业的专家学者编写了社会工作主干系列教材、社会工作实务系列教材等，供国内各大高校社会工作专业教学使用。

第二，促进学术交流。国内方面，中国社会工作教育协会为促进地区间

① 中国社会工作教育协会：《中国社会工作教育协会章程》，http：// www. caswe. org. cn/ consdetails? id=2，访问日期：2019年7月8日。

的学术交流，设立了片区机制，开展片区内部与片区之间的互动与交流。协会根据社会形势发展的要求，聚焦社会工作理论热点，回应社会工作实践需求，每年组织举办社会工作教育协会年会。年会围绕理论建设、实务发展、社会政策等重点领域，为专家学者搭建学术交流的平台，推动专业师资的发展，建构和丰富社会工作的时代想象力、行动力。至 2018 年，协会已经成功举办了 14 届年会。[①] 国际方面，中国社会工作教育协会组织开展了广泛的国际学术交流。多年来，协会同海外的一些著名高等学府——如美国华盛顿大学（圣路易斯）、加州大学伯克利分校等——建立了广泛的学术交流关系。同时，协会多次派出教师参加国际社会工作会议，如由国际社会工作学校联合会（IASSW）、国际社会工作人员联盟（IFSW）、亚太区社会工作教育协会（APASWE）等举办的国际学术研讨会。

第三，资助优秀学生。在中国香港凯瑟克基金会的资助下，协会设立了“约翰·凯瑟克爵士奖学金”，用于奖励会员单位社会工作专业中的优秀高年级学生。协会每年从全国有关院校中挑选 20 名左右的学生，派他们前往香港进行短期的学习。[②]

第四，推进专业化和职业化进程。协会在凯瑟克基金会的大力支持下，推出并实施了“中国社会工作教育发展计划”；该计划注重师资培养，举办了一系列社会工作师资培训班及实务工作坊，促进了社会工作教育人才和实务人才队伍的发展壮大。

第五，回应重大问题。自 2008 年 5 月 12 日汶川地震以来，协会和中国

① 中国社会工作教育协会：《中国社会工作教育协会》，http://www.caswe.org.cn/introdetails?id=1，访问日期：2020 年 3 月 31 日。

② 同上。

青少年发展基金会合作，动员组织会员单位力量在四川德阳、广元地区开展灾后救援工作，并在广元成立专业服务机构，由当地政府出资购买岗位，持续开展相关服务。① 在服务过程中，协会引领机构充分运用社会工作专业方法，在对灾民的社会救助、心理支持、评估以及资源链接、支持网络构建等多个方面发挥了积极作用，有效地帮助灾民恢复能力、摆脱困境。2018 年，协会成立中国社会工作教育协会反贫困社会工作专业委员会，全国 200 多家社会工作院系加入其中，共同推动社会工作参与反贫困实践，加强人才培养等工作。2019 年，200 所高校在对口扶贫地区开展教育扶贫工作，针对农村老人、留守儿童、困境儿童、特困家庭等群体开展项目，并在对口扶贫地区建立社会工作实习实训基地。

第三节　社会工作教育反贫困概览

贫困是世界性难题。1949 年以来尤其是改革开放 40 多年来，中国政府高度重视反贫困工作，中国反贫困事业取得了举世瞩目的成就。中国成为全球最早实现联合国千年发展目标中减贫目标的发展中国家，为全球减贫事业做出了重大贡献。中国农村居民收入水平持续提高，生活水平显著改善，贫困人口数量大幅减少，中国农村从普遍贫困走向整体消除绝对贫困。按现行农村贫困标准衡量，1978 年年末农村贫困发生率约为 97.5%，以乡村户籍人口作为总体推算，农村贫困人口规模为 7.7 亿人；2017 年年

① 中国社会工作教育协会：《中国社会工作教育协会》，http://www.caswe.org.cn/introdetails?id=1，访问日期：2020 年 3 月 31 日。

末农村贫困发生率为 3.1%，贫困人口规模为 3 046 万人。从 1978 年到 2017 年，40 年间中国农村贫困人口减少 7.4 亿人，年均减贫人口规模接近 1 900 万人；农村贫困发生率下降 94.4 个百分点，年均下降 2.4 个百分点。①

随着十八大以后精准扶贫战略的全面实施，中国贫困人口从 2012 年年底的 9 899 万人减到 2019 年年底的 551 万人，贫困发生率由 10.2%降至 0.6%，连续 7 年每年减贫 1 000 万人以上。② 2020 年是脱贫攻坚决战决胜之年，中国政府承诺现行标准下农村贫困人口实现脱贫、贫困县全部摘帽、解决区域性整体贫困。然而，截至 2020 年 3 月，中国还有 52 个贫困县未摘帽、2 707 个贫困村未出列、建档立卡贫困人口未全部脱贫。这些都属于极具难度的深度贫困问题，再叠加新型冠状病毒疫情的影响，如何一面克服疫情不利影响，一面啃下深度贫困地区这块“硬骨头”，防止脱贫人口返贫，是当前脱贫攻坚最严峻的挑战。

党和政府高度重视并大力支持社会工作专业人才参与反贫困行动，做出了一系列决策部署。2017 年，《指导意见》要求将专业社会工作纳入当地党委、政府关于脱贫攻坚的总体安排，同其他扶贫工作一同部署、协同推进。《指导意见》明确了社会工作专业力量参与脱贫攻坚的服务内容，专门对扶持壮大贫困地区社会工作专业力量和支持实施社会工作专业力量参与脱贫

① 国家统计局：《扶贫开发成就举世瞩目 脱贫攻坚取得决定性进展——改革开放 40 年经济社会发展成就系列报告之五》，http://www.stats.gov.cn/ztjc/ztfx/ggkf40n/201809/t20180903_1620407.html，访问日期：2018 年 9 月 27 日。

② 中华网：《习近平：在决战决胜脱贫攻坚座谈会上的讲话》，https://news.china.com/zw/news/13000776/20200307/37878687_1.html，访问日期：2020 年 3 月 7 日。

攻坚重点项目进行了具体部署。

自 2017 年以来，中国社会工作教育协会积极响应党和政府号召，全面参与脱贫攻坚行动，启动了“中国社会工作教育百校对口扶贫计划”，共组织了 202 个会员单位参与该计划。据初步统计，全国 200 多所高校、3 000 多名师生、200 多名社工和 1 600 多名志愿者参与教育对口扶贫，开辟了社会组织动员社会工作教育界参与脱贫攻坚的新纪元，充分展现了社会工作教育界在服务国家经济社会发展大局中的责任感和使命感。

一、社会工作教育反贫困的任务

第一，帮助提升贫困地区社会工作教育水平。一是加强贫困地区社会工作专业师资队伍建设，以“培训培训者”的形式提升贫困地区社会工作教育水平。安排贫困地区教师参加社会工作示范性培训、积极接纳贫困地区新建社会工作院校教师进修访学，为他们提供课程体系建设、教学经验学习，提供参加与反贫困社会工作相关的学术和科研活动机会；为贫困地区培养一批政治过硬、专业扎实、经验丰富的社会工作骨干教师。二是与贫困地区学校合作，在贫困地区建立社会工作实践、实习、实训基地等，吸纳专业教师、学生和实务工作者参加与扶贫有关的社会实践、专业实习和服务项目，为西部地区提供专业的服务。三是鼓励和引导社会工作专业研究生、本科生通过参与脱贫实践撰写学位论文。四是提供督导支持，提升西部院校教师的实务教学能力，逐步缓解贫困地区社会工作专业力量不足、实务督导跟不上等问题。五是组织专家编写专业社会工作参与脱贫知识手册和反贫困社会工作教材。

第二，帮助贫困地区培养社会工作专业人才。一是加大贫困地区社会工作专业人才培养力度，完善社会工作学历教育、职业教育和继续教育课程设置。二是为贫困地区民政、扶贫、教育、工青妇等部门举办社会工作专题讲座，对当地中小学负责人、相关教师进行留守儿童保护和服务培训。三是鼓励和支持社会工作专业毕业生到贫困地区就业，为贫困地区输送专业人才。如利用大学生志愿服务西部计划、“三区计划”等政策，对有志于到贫困地区就业的学生提供实习、实践、调查研究方面的便利，支持其参加与扶贫相关的学术研讨会和培训，在毕业论文选题方面给予指导。

第三，指导基层社会工作服务站点建设，以专业教育促进贫困地区专业服务的发展。一是将社会工作服务站点建设与实习实训基地建设统筹考虑，在建好社会工作实习实训基地的基础上，向基层延伸社会工作服务，深度开展社会工作专业服务。二是将社会工作人才培养模式改革、研究与服务实践联系起来，为社会工作专业人才更好地投身于脱贫服务提供平台和载体，切实地帮助贫困地区建成一批乡（镇）社会工作服务站点，改变贫困地区社会工作专业服务落后的局面。

第四，参与实施社会工作知识普及工程。一是做好对西部贫困地区党政领导干部、参与扶贫人员、直接从事服务与管理的一线人员等的社会工作知识普及和宣传，让贫困地区干部群众了解和认识社会工作。二是为西部贫困地区全国社会工作者职业水平考试和社会工作学历学位教育提供支持，辅导贫困地区一线工作人员参加全国社会工作者职业水平考试，推动对口帮扶点干部群众应用社会工作专业理念、知识和方法开展扶贫工作，增强其开展扶贫工作的能力。

二、社会工作教育协会反贫困的行动

第一，摸清底数，奠定高校社会工作参与脱贫攻坚的工作基础。2017 年 9 月，中国社会工作教育协会对开设社会工作专业的高校进行了问卷调查，以了解当前高校社会工作专业力量参与反贫困工作的具体情况，掌握高校参与反贫困工作的途径、手段及所取得的效果，为制订和实施社会工作专业力量参与脱贫攻坚的方案提供了依据。

第二，组织动员，凝聚高校社会工作力量参与脱贫攻坚工作。全国社会工作专业学位研究生教育指导委员会、中国社会工作教育协会作为联合组织和协调者，先后两次召开社会工作教育扶贫动员大会，正式启动实施社会工作教育对口扶贫计划。

2017 年 12 月 1 日至 2 日，全国社会工作专业学位研究生教育指导委员会、中国社会工作教育协会在成都召开“中国社会工作教育扶贫动员大会暨教育扶贫研讨会”。此次会议上启动、实施了社会工作教育对口扶贫计划，促成 112 所高校对口援助 77 个国家级贫困县。

为了进一步贯彻《指导意见》提出的“实施社会工作教育对口扶贫计划”的要求，2018 年 4 月 14 日至 15 日，全国社会工作专业学位研究生教育指导委员会、中国社会工作教育协会在桂林市召开了“中国社会工作教育扶贫第二次动员大会暨教育扶贫研讨会”，组织动员了 90 所高校对口援助 41 个国家级贫困县。

第三，成立专门机构，筹划实施社会工作教育对口扶贫工作。为统筹、推进社会工作教育对口扶贫工作，中国社会工作教育协会成立反贫困社会工作专业委员会(简称“反贫困专委会”)。反贫困专委会以长期规划与短期规划相结合为原则,以中国社会工作教育协会片区为基础,统筹、协调社会工作教育对口扶贫工作。反贫困专委会选取相对成熟的反贫困社会工作实践点为示范点,以示范点为基础开展行动研究和实务服务,总结反贫困社会工作实务模式和服务经验,推动反贫困社会工作的实践研究、学术研究和政策研究。反贫困专委会正式成立以来,定期总结、汇报高校社会工作专业力量参与反贫困的理论和实践工作情况,并将工作简报发送至 202 所高校,促使各高校相互了解其他高校参与反贫困工作的进展情况,为各高校互相学习、借鉴参与反贫困的经验提供了平台。反贫困专委会还对参与“社会工作教育对口扶贫计划”高校的脱贫攻坚工作情况进行调查,并将各高校参与脱贫攻坚的基本情况、实施效果及典型案例进行汇总,形成《高校社会工作专业力量参与脱贫攻坚情况统计报告》和《高校参与反贫困情况材料汇编》,为高校开展脱贫攻坚工作提供参考与借鉴。

第四,组织实施社会工作教育对口扶贫服务示范项目。2018 年 4 月 14 日,由中国社会工作教育协会主办的“社会工作教育对口扶贫服务示范项目”正式启动。该项目依托中国社会工作教育协会“中国社会工作教育百校对口扶贫计划”,联合项目实施省份的部分高校在其对口贫困县(区)开展教育对口扶贫和社会工作专业服务。

第五,举办全国性教育扶贫会议。2018 年 12 月 8 日至 9 日,由全国 MSW 教指委和中国社会工作教育协会联合主办,中国社会工作教育协会反贫困社会工作专业委员会与河南师范大学承办的“中国社会工作教育扶贫年会暨精准扶贫与社会工作研讨会”举行。中国社会工作教育协会各会员单位、有关院校的专家学者200余人参加了会议，对社会工作教育反贫困的学术成果和实践经验进行了充分研讨与分享。

第六，进行经验总结和规划展望。2018年12月1日至2日，“2018年全国MSW教指委暨MSW教育中心主任联席会”在北京召开。会议学习贯彻中央关于社会工作教育反贫困的会议精神，对社会工作教育反贫困进行了再动员和再布置，进一步明确了今后社会工作教育反贫困的重点领域和主要任务。

第七，开展社会工作教育反贫困学术交流和理论分享。2019年9月21日，中国社会工作教育协会反贫困社会工作专业委员会2019年会暨第二届社会工作教育参与脱贫攻坚学术研讨会在内蒙古自治区呼和浩特市召开。会议对社会工作教育扶贫的现状、作用、路径与方法展开了研讨。

三、社会工作教育反贫困的重点

中国社会工作教育协会在全国社会工作专业学位研究生教育指导委员会的支持下，指导各对口扶贫高校开展有关的扶贫工作，重点开展了以下工作①：

第一，建立实习实践教学基地。各高校与对口实施地点签订协议，建立实习实践教学基地。

第二，培养基层工作骨干能力。各高校为当地政府有关部门开设培训课程，提升基层干部扶贫工作水平。

第三，增强贫困对象发展能力。各高校注重培养贫困对象的发展能力，

① 此下四点内容详见本书第五章“专栏5-3”。

加强贫困对象能力建设。

第四，构建贫困对象社会支持网络。各高校注重为贫困对象构建社会支持网络，促使各方力量共同关注贫困对象的发展。

四、社会工作教育反贫困的成效

一是集聚大量专业人才。社会工作教育协会和全国社会工作专业学位研究生教育指导委员会发挥牵头、组织作用，统筹谋划，多方协调，广泛动员，凝聚起社会工作院校参与脱贫攻坚的强大力量。

二是形成长效机制。为有序推进社会工作教育扶贫工作，建立健全社会工作参与反贫困的长效机制，社会工作教育协会专门成立了反贫困社会工作专业委员会，为社会工作教育扶贫提供了强有力的组织保障。

三是实践产出多元。从项目实施的进度来看，各高校和对口贫困县的对接已初步完成，个别还在调整中，初步实现了人才培养、学术研究、实务推进“三合一”的目标。

四是惠及范围广泛。截至 2018 年年底，社会工作教育对口扶贫涉及 110 多个国家级贫困县，受益人数近 24 万，增强了贫困对象的发展能力。社会工作作为一支社会力量深度参与扶贫项目，社会工作教育者的大局意识、奉献精神和助人情怀得以充分体现。①

五、中国社会工作教育协会反贫困的优势

消除绝对贫困，打赢脱贫攻坚战，是新时代中国政府为促进全体人民共

① 具体论述见王铮键在中国社会工作教育扶贫 2018 年会暨精准扶贫与社会工作研讨会上的讲话。

享改革发展成果、创造美好生活、实现共同富裕的伟大创举。社会工作教育反贫困的最大优势是将社会工作专业的价值、理念、方法、力量运用到反贫困服务中，通过技能培养与就业创业指导、情绪疏导与关系调适、资源链接、支持网络重建等方式，实现“扶智”与“扶志”的双重目标，最大限度地激发贫困人口的内生动力，增强其脱贫能力和可持续发展能力。

（一）与精准扶贫高度契合的专业优势

精准扶贫与专业社会工作有着内在的契合性，如两者对个体疾苦的极大关注、对社会公正的自觉追求、对科学方法的推崇等。精准扶贫中最为关键的“扶持谁”“谁来扶”“怎么扶”三个环节分别通过专业社会工作方法来解决。实践的社会工作可以进行贫困问题的干预和解决；专业的社会工作可以提供知识、价值和技能的支撑；制度的社会工作可以在理念、政策层面上推动贫困治理的进程。① 中国社会工作教育协会组织社会工作专业队伍，通过需求评估，精准识别贫困人口，分析致贫原因；通过资源整合，动员与协调各方扶贫力量和扶贫资源；通过能力提升，激发扶贫对象的进取精神，实现由输血型扶贫向造血型扶贫、能力发展型扶贫的转变。

（二）集聚和培养专业力量的人才优势

中国社会工作教育协会能够在全国范围内集聚大量的社会工作专业人才，在帮助贫困群众转变思想观念、树立自我脱贫信心、拓宽致富路径、提升自我脱贫能力等方面发挥积极作用。同时，协会通过组织社会工作专业力量参与反贫困实践，帮助社会工作专业人才提高自身的专业素养和能力水平。

---

① 高飞、向德平：《专业社会工作参与精准扶贫的可能性与可及性》，《社会工作》2016 年第 3 期。

（三）链接及发动社会力量的资源优势

社会工作教育反贫困是社会力量参与脱贫攻坚的重要组成部分。中国社会工作教育协会除发动社会工作专业人才参与反贫困外，还调动各种社会力量参与扶贫事业，共同构建社会扶贫的大格局。中国社会工作教育协会积极动员和引导社会工作专业人才、社会工作服务机构、其他社会组织等多元社会力量参与贫困地区的脱贫攻坚，整合多种帮扶资源，助力贫困地区脱贫。

（四）为不同贫困群体提供个性化服务的组织优势

中国社会工作教育协会组织专业社会工作队伍并充分发挥社会工作的专业优势，为不同贫困群体提供多样化、个性化的服务。例如，在儿童及青少年服务方面，主要采用个案工作、小组工作的方法和技巧，关注贫困地区留守儿童的身心健康，开展成长辅导、法制宣教、临界预防、行为矫正、社交指导、情绪疏导和控辍保学等服务；在老年人服务方面，开展贫困农村地区养老服务人才队伍培训，为老年人提供精神慰藉、生活照顾、权益保障和临终关怀等服务；在妇女服务方面，引导妇女参与产业建设，从社会性别视角、优势视角出发，增强女性性别意识，提升妇女自立自强的能力，同时为妇女开展精神减压、心理支持、亲职辅导等服务；在贫困地区党政领导干部、扶贫工作人员、社会服务和管理人员服务方面，开展社会工作知识普及宣传等服务；在社会组织服务方面，培育在地社会工作行业组织和实务机构，通过建立督导提升制度、机构对接制度、人才交流制度等方式，推动贫困地区社会工作组织机构的发展。①

① 向德平：《社会工作力量参与脱贫攻坚持续推进》，《中国社会工作》2020 年第 1 期。

"Education is a tree shaking a tree,

a cloud to promote a cloud,

a soul awaken another soul."

——Karl Theodor Jaspers

德国著名的哲学家雅斯贝尔斯(Jaspers)在《什么是教育》一书中写道："教育的本质意味着：一棵树摇动另一棵树，一朵云推动另一朵云，一个灵魂唤醒另一个灵魂。"①

作为以推进中国社会工作教育事业为己任的学术团体和社会组织，中国社会工作教育协会履行传道授业解惑的职责，以实际行动践行社会工作专业的初心和使命，组织高校社会工作专业力量参与精准扶贫，助力脱贫攻坚。

① 雅斯贝尔斯：《什么是教育》，邹进译，生活·读书·新知三联出版社，1991，第53页。

第二章　社会工作教育反贫困的起点——成都会议

2017年12月1日至2日，中国社会工作教育扶贫第一次动员大会暨教育扶贫工作会议在成都召开。此次会议由全国社会工作专业学位研究生教育指导委员会、中国社会工作教育协会主办，西华大学社会发展学院承办，北京大学—香港理工大学中国社会工作研究中心协办。此次会议深入贯彻《民政部 财政部 国务院扶贫办关于支持社会工作专业力量参与脱贫攻坚的指导意见》有关精神，对社会工作教育扶贫的状况、策略、方法进行研讨，旨在鼓励高校社会工作专业师生助力教育扶贫，协力推进社会工作教育对口扶贫计划的落实。

第一节　启动"社会工作教育对口扶贫计划"

社会工作教育反贫困是新时代贯彻落实党的十九大精神，在脱贫攻坚中发挥社会工作专业教育作用，遏制贫困文化代际传播、缩小社会工作教育区域差距、夯实社会工作发展基础的关键举措。为了支持社会工作专业力量参与脱贫攻坚，进一步推进教育扶贫工作，中国社会工作教育扶贫第一次动员大会暨教育扶贫工作会议在成都召开，正式启动了“社会工作教育对口扶贫计划”（见图 2－1）。

图 2－1　中国社会工作教育扶贫第一次动员大会暨教育扶贫工作会议

该会议由中国社会工作教育协会常务副会长关信平教授主持。出席会议的嘉宾有民政部社会组织管理局（社会工作司）副局长吕晓莉、四川省民政厅副厅长张力、国务院扶贫开发领导小组办公室社会扶贫司社会动员处处长王大洋、四川省民政厅民间组织管理局副局长唐风鸣、西华大学党委书记边慧敏等领导，以及全国社会工作专业学位研究生教育指导委员会和中国社会工作教育协会有关负责人、全国高校教师代表。

边慧敏致开幕词，她对各位嘉宾和各高校教师代表的到来表示热烈欢迎（见图 2－2）。她介绍了西华大学发展现状以及西华大学响应中央号召参与扶贫攻坚对口支援的情况。张力代表四川省民政厅对参会的各高校、各组织代表表示欢迎。他指出，四川省高度重视脱贫攻坚工作，扶贫工作取得重大成效，受到国务院表彰，但四川的反贫困工作仍然任重而道远，需不忘初心，砥砺前进。

图 2－2 边慧敏书记致开幕词

全国社会工作专业学位研究生教育指导委员会副主任委员、北京大学教授王思斌做主旨报告（见图 2－3）。王思斌指出，我国发展不平衡的表现之一是中西部贫困地区与非贫困地区之间的不平衡。扶贫攻坚是国家战略，社会工作教育要积极发挥作用，参与反贫困行动。王思斌对高校社会工作专业师生参与扶贫攻坚提出了具体要求，寄语师生以更加务实的态度解

图 2-3　全国社会工作专业学位研究生教育指导委员会副主任委员王思斌讲话

决困难群体和弱势群体的问题，既要尽力而为，又要量力而行。

中国社会工作教育协会时任会长徐永祥教授做了工作部署（见图 2-4）。他指出，社会工作参与教育扶贫，是发展社会工作专业、扩大社会工作话语权难得的契机，各高校师生要抓住机会，为社会工作教育反贫困的理论和实践研究做出贡献。首先，社会工作教育扶贫作为打赢脱贫攻坚战的重要组成部分，是教育界参与脱贫攻坚的重要战略，也是社会工作专业发展的难得的机遇。协会和高等院校要认真做好对口贫困县的扶贫工作，建好 200 所社会工作教育培训基地。其次，教育界参与扶贫攻坚要坚持如下原则：一是社会工作教育要嵌入、融入当地体制体系，二是要推动当地社会工作队伍建设。发挥我国社会工作教育先行的特色和社会工作专业委员会的优势，做好社区发展中的扶贫、“扶智”、扶心工作，完善社会工作教育反贫困机制。

图 2-4　中国社会工作教育协会时任会长徐永祥部署工作

最后，要加强中国社会工作教育协会反贫困社会工作专业委员会的筹备工作。协会将完善参与机制、工作机制、协调机制，帮助学校落实参与机制，争取基金会、各方社会力量、政府的支持。同时，协会要配合全国 MSW 教指委，把社会工作教育反贫困纳入本科和专业硕士学位教学评估。高校师生要积极投身社会工作教育反贫困的实践，提升社会工作教育反贫困研究的学术话语权。

全国社会工作专业学位研究生教育指导委员会秘书长谢立中教授做了讲话(见图 2-5)。他强调，社会工作参与脱贫攻坚的工作机制要在不断的实践中逐步完善。首先，要界定社会工作教育反贫困的基本含义。教育扶贫的“贫”分为相对贫困和绝对贫困，现阶段教育扶贫的目标是消除绝对贫困，全面实现小康社会。社会工作是社会扶贫的重要力量，我们要注意区分社会扶贫与政府扶贫的界限。其次，要充分发挥社会工作教育培训的价值。有关部门要开展社会工作教育反贫困培训工作，打好社会工作专业力量参与脱贫攻坚的基础。社会工作者要协助政府在2020年前圆满完成脱贫攻坚的重要任务，同时利用这个机会锻炼社会工作队伍，扩大社会工作的影响力，建立健全社会工作教育反贫困体制机制。最后，要加强社会工作专业建设。社会工作专业的教师和学生虽然不是专职社会工作者，但可以用项目切入的方式参与扶贫，组织实施社会工作教育扶贫项目。

图2-5　全国社会工作专业学位研究生教育指导委员会秘书长谢立中讲话

国务院扶贫开发领导小组办公室社会扶贫司社会动员处处长王大洋发表讲话（见图2-6）。他表示，党和政府高度重视社会力量参与反贫困工作，把社会工作作为一股专业力量投入扶贫攻坚工作之中。首先，国家对社会工作参与扶贫攻坚有迫切需要。我国边远贫困地区、边疆少数民族地区、革命老区等贫困情况复杂、扶贫任务艰巨，特别是精神贫困问题亟待解决。其次，社会工作在扶贫中可以发挥优势：一是落实精准扶贫方略的精准性，发挥社会工作精准扶贫优势；二是面对扶贫的复杂性、贫困人口需求的多元性，发挥社会工作专业服务优势；三是扶贫要“扶智”，发挥社会工作心理服务方面的优势；四是实现贫困地区稳定脱贫，发挥社会工作持续服务优势，实现区域性整体脱贫。最后，进一步明确社会工作扶贫的重点任务：一是重点解决贫困地区信息闭塞、人才缺乏的问题；二是重点完善区域协作机制；三是重点面向特殊困难群体，如易地搬迁的居民、留守儿童、老年人、残疾人、困难病人等；四是重点解决精神贫困问题；五是重点培养社会工作教育扶贫队伍，营造支持社会力量参与扶贫攻坚的社会氛围和政策环境。

图 2-6　国务院扶贫办社会扶贫司社会动员处处长王大洋讲话

民政部社会组织管理局(社会工作司)副局长吕晓莉做了总结讲话(见图 2－7)。她指出,本次会议不仅标志着正式启动了社会工作教育参与扶贫攻坚战,也增强了新时代社会工作教育专业力量完成扶贫攻坚任务的信心。首先,社会工作是参与脱贫攻坚的一支专业社会力量,开展社会工作教育对口扶贫是落实中央决策部署的需要,是回应贫困地区社会心理服务需求、提升社会服务专业化水平的需要,也是促进社会工作事业全面均衡发展的需要,要进一步统一思想、提高认识,形成开展社会工作教育对口扶贫的共识。其次,在实施社会工作教育对口扶贫计划的过程中,要立足实际需求,突出专业精准扶贫和培育内生力量的优势,突出调动社会资源的优势,切实完成目标任务,取得教育对口扶贫的实效。最后,参与社会工作教育对口扶贫计划的高校师生要进一步坚定信念,勇于承担新时代社会工作发展的重大使命;要进一步躬耕实践,在扶贫一线和艰苦地区

图 2－7　民政部社会组织管理局副局长吕晓莉讲话

砥砺成才；要矢志奉献，在服务贫困地区困难群众时彰显社会工作专业情怀。

专栏 2－1

充分发挥社会工作在脱贫攻坚中的专业优势

民政部社会组织管理局（社会工作司）副局长　吕晓莉

打赢脱贫攻坚战需要社会各方面力量的参与。党中央、国务院十分重视社会工作专业人才服务贫困地区的工作。《中共中央 国务院关于打赢脱贫攻坚战的决定》《国务院关于印发“十三五”脱贫攻坚规划的通知》明确提出了“实施社会工作专业人才服务贫困地区计划”，民政部、财政部、国务院扶贫办联合发文，对社会工作参与脱贫攻坚做出了安排部署。广大社会工作者应积极响应党中央、国务院的号召，充分发挥社会工作的专业优势，积极参与打赢脱贫攻坚战，为全面建成小康社会贡献力量。

一、社会工作是参与脱贫攻坚的一支新兴力量

社会工作是一种遵循助人自助价值理念，运用专业知识与方法协助服务对象舒缓心理压力、提升发展能力、增强社会功能、建立支持网络、改善生活境况的专业社会服务活动。社会工作专业人才是具有一定社会工作专业知识和技能，在社会福利、社会救助、慈善事业、社区建设、婚姻家庭、精神卫生、残障康复、教育辅导、就业援助、职工帮扶、犯罪预防、禁毒戒毒、矫治帮教、人口计生、纠纷调解、应急处理等领域提供社会服务的专门人员。

2006 年，党的十六届六中全会做出建设一支宏大的社会工作人才队伍

的决策，此后社会工作人才被纳入国家中长期人才发展规划，成为与党政人才、企业经营管理人才、专业技术人才、高技能人才、农村实用人才并列的第六支主体人才队伍，社会工作人才队伍建设得以迅速推进。截至2016年年底，我国社会工作专业人才队伍总量超过80万人，其中取得职业资格证书人员达28万人；在事业单位、城乡社区及其他组织中开发社会工作专业岗位27万个；全国扶持成立了近600个社会工作行业组织和6 000多家社会工作服务机构。我国专业社会工作完成顶层设计，逐步形成了中央规划布局、地方探索创新、东部引领西部、城市带动农村、民政率先示范、重点领域先行先试的推进格局，社会工作专业人才成为加强社会建设、创新社会治理的重要力量。

社会工作以改善困难群体的基本生活和追求社会公正为目标。反贫困是社会工作的基本服务领域，也是社会工作的专业使命。从国际经验来看，不论是从社会工作在英美的产生来看，还是从社会工作在全世界的发展历程来看，社会工作在反贫困中都扮演着积极的角色。社会工作参与脱贫攻坚，是社会力量参与扶贫的重要内容，是政府扶贫的有效补充，有助于推动纯经济式扶贫向综合性扶贫发展，由输血型扶贫向造血型扶贫转变，有助于推进物质帮扶与精神关爱的同步介入，为贫困治理注入新的活力。可以说，社会工作是脱贫攻坚战役中一支具有专业优势的重要新兴力量。

二、发挥社会工作参与脱贫攻坚的专业优势

社会工作参与脱贫攻坚的核心价值在于发挥其不可替代的专业优势，在于将社会工作的专业理念、专业方法运用到脱贫攻坚工作中，在确保精准扶贫、激发内生动力、提升社区发展的能力和传递温暖关爱等方面发挥独到

作用。

社会工作的优势在于专业精准扶贫。精准扶贫、精准脱贫是脱贫攻坚的基本方略。中央一再强调要改革传统扶贫思路和方式，变大水漫灌为精准滴灌，做到扶贫对象精准、项目安排精准、资金使用精准、措施到户精准、因村派人精准、脱贫成效精准。社会工作的个案工作方法是实现精准扶贫的有效方式。个案方法源于19世纪中后期至20世纪初期的欧美国家，它以个别化、差异化的原则为贫困者及其家庭提供专业服务。早期社会工作者以家庭友好访问员的身份深入探访贫困家庭，了解案主差异化需求并提出建议，扮演着重要的个案救助者、信息提供者、资源链接者的角色。将个案方法运用到脱贫攻坚工作中，可以在精准扶贫工作中发挥重要作用，特别是社会工作者在需求评估方面具有专业技能，能够更全面地分析贫困对象个人及家庭的基本情况、贫困现象背后复杂的经济—社会原因、个人及家庭的潜在能力、可利用的社会支持环境等，综合评估后提出个性化、差别化脱贫的方案，从而达到精准施策的目标。

社会工作的优势在于激发内生动力。习近平总书记多次强调，贫困地区的发展要靠内生动力，要最大限度地调动当地群众的积极性。当前，的确还有一些贫困村、贫困户缺乏脱贫致富的勇气和人穷志不穷的理念。如何激发脱贫对象的内生动力，既是当前脱贫攻坚战的薄弱环节，也是脱贫攻坚战最大的难点。扶贫必扶志。社会工作以助人自助为专业价值理念，强调优势视角和赋权增能，有利于帮助贫困地区群众转变观念，树立脱贫信心，提升自我脱贫的能力。特别是优势视角理论，要求社会工作者不能孤立地专注服务对象的问题与不足，而应该最大限度地看到服务对象的内在潜力和各种可能性，挖掘其所处环境的资源和优势，帮助服务对象在逆境和困难中寻找希望并将希望转化为行动，最终走出困境。在此过程中，社会工作者通过一系列专业活动，能够有效激发个人内在潜能，帮助其增强本领，恢复和发展其社会功能，提高贫困地区群众脱贫的主动性。

社会工作的优势在于提升社区发展的能力。提升贫困地区可持续发展的能力是实现脱贫、防止返贫的重要治本之策。社会工作的社区工作方法以社区为对象，强调“人在情境中”，认为问题的产生不仅在个人本身，还与家庭、社区、社会及文化等因素有密切关系，强调把贫困议题放到整个社区乃至社会生态系统中去思考。问题的解决，需要调动集体成员参与，运用社区资源，将整个社区组织起来开展系统化扶贫行动。这种以社区为对象的思维方式和工作方法，有利于弥补个案救助工作造成的政策依赖问题，有利于从整合的视角推动社区建设，形成可持续发展的生态环境。致力于反贫困工作的社会工作者，往往扎根于贫困地区数年，通过长期的陪伴与同行，营造社区自助互助文化，提升社区可持续发展的能力。尤其是针对易地搬迁群众，更需要社会工作者从社区建设、社区发展的角度，帮助群众及时疏导紧张情绪、提升生计能力、发展互助组织、构建社会支持网络，促进他们更快更好地实现社区融入，在党委、政府的领导下自力更生地发展产业，实现经济社会的可持续发展。

社会工作的优势在于传递温暖关爱。贫困地区群众面临的问题不仅是物质资源的匮乏，还有各种心理疾患、人际障碍和社会排斥等方面的问题。传统扶贫模式更多关注经济领域、产业发展，很难有精力和能力解决贫困地区群众的心理与社会服务需求。社会工作者在开展专业社会服务的过程中，不仅需要提供救助服务，还需要遵循接纳、尊重、真诚、同理心等专业价值理念，为贫困群众提供心理疏导、社会融入、团队互助、社会支持等社会心理服务，帮助其改善家庭和社区关系，恢复和发展社会功能，实现物质帮扶与心理关怀的同步介入，这是一种用生命影响生命的温暖行动。我国的社会工作是在党委领导、政府主导下发展起来的，是政府购买服务大力支持的重点领域。社会工作专业力量是党的六支主体人才队伍之一，是党和政府惠民政策的终端传递者，是服务群众"最后一公里"的积极实践者。他们带着关怀与陪伴，带给贫困地区群众深层的心理抚慰和更多的获得感。

三、明确社会工作参与脱贫攻坚的主要任务

习近平总书记强调，要坚持精准脱贫，解决好扶持谁、谁来扶、怎么扶的问题，实施"五个一批"工程，即发展生产脱贫一批、易地扶贫搬迁一批、生态补偿脱贫一批、发展教育脱贫一批、社会保障兜底一批。社会工作参与脱贫攻坚要在贫困地区党委、政府的领导下，紧紧围绕"五个一批"，根据贫困人口的不同需求分类提供专业服务。当前，社会工作专业力量应明确以下重点工作任务①：

针对兜底保障的社会救助对象，社会工作的主要任务是配合社会救助经办机构对贫困群众开展需求评估、分析致贫原因、制订救助方案，促进救助对象的精准识别和精准管理，推动贫困群众服务需求与扶贫资源的精准对接。

① 此下几点参考了《民政部 财政部 国务院扶贫办关于支持社会工作专业力量参与脱贫攻坚的指导意见》，在引用时，文字上做了个别修改。

针对发展生产的脱贫对象，社会工作的主要任务是配合相关部门，面向有劳动能力的贫困群众，围绕能力提升、就业创业、生计发展等提供服务，帮助他们转变思想观念，增强脱贫信心和内生动力，促进其发挥潜能、提升技能、积极就业创业，通过增加稳定收入脱贫致富。

针对易地搬迁贫困对象，社会工作的主要任务是围绕关系调适、资源链接、社会支持等提供服务，帮助因自然条件恶劣需易地搬迁的贫困群众疏导不良情绪，加强关系调适，联系就业资源，发展自助互助组织，重构社会支持网络，促进其更好融入新的社区生活。

针对发展教育脱贫对象，社会工作的主要任务是联合相关部门、会同相关力量开展贫困村留守儿童及家庭的监护随访、调查评估、监护指导等工作，督促指导农村留守儿童家庭承担监护主体责任。

针对其他特殊困难对象，社会工作的主要任务是围绕精神慰藉、生活照顾、权益维护、关系改善、功能修复等提供服务。例如，为贫困地区特殊困难老年人提供精神慰藉、生活照顾、权益保障、临终关怀等服务；为贫困地区特殊困难妇女提供精神减压、心理支持、亲职辅导、权益维护等服务；对贫困地区有不良行为青少年、社区服刑人员、刑满释放人员等特殊人群强化心理社会支持，帮助其改善家庭和社区关系，恢复和发展社会功能。

四、抓好社会工作参与脱贫攻坚的组织实施

实施社会工作专业人才服务贫困地区计划是中央提出的明确要求，有关部门已经制发实施文件。中央明确当前的任务是抓好社会工作参与脱贫攻坚的组织领导和具体实施工作，切实发挥好社会工作人才队伍的专业优势，为脱贫攻坚再添新动力。

要建立完善的工作机制。各级政府应高度重视社会工作专业力量参与脱贫攻坚工作，为其提供必要的制度、政策和资源保障。民政部、财政部、国务院扶贫办等部门要加强沟通、密切合作，协商研究解决重点难点问题。民政部门应履行好统筹推进社会工作发展的职能，进一步加强贫困地区社会工作人才、组织、平台建设，支持并引导社会工作专业力量参与实施脱贫攻坚项目，为参与贫困地区工作的社会工作人才提供必要的保障。财政部门应加大政府购买服务的力度，以财政资金为牵引，引导各类慈善资金、社会资金投入扶贫社会服务中。扶贫部门应加强宏观指导和统筹协调，将社会工作专业力量参与脱贫攻坚纳入总体工作部署及国家东西部协作扶贫和对口支援工作范围。

要壮大社会工作力量。当前，社会工作人才队伍总量持续增长，但集中分布于城市地区，农村地区特别是贫困地区社会工作专业人才严重不足，要采取多种方式培育壮大贫困地区社会工作专业力量。扶贫部门要在扶贫干部培训中加入社会工作专业课程，丰富工作方法，创新工作方式，增强与社会力量协同服务的意识。民政部门要加快本地社会工作专业人才培养，将社会服务部门、基层群众性自治组织、基层群团组织、有关事业单位和社会组织中从事社会管理与服务的人员纳入社会工作专业培训范围；鼓励符合条件的人员参加全国社会工作者职业水平考试和社会工作学历学位教育，着力提升应用社会工作专业理念、知识与方法开展扶贫工作的能力。要加快贫困地区社会工作服务机构的发展，通过对口援建、项目合作、定向帮扶、捐资创办等方式，扶持和建设一批面向贫困地区的社会工作服务机构，依托乡（镇）社会救助站、综合服务设施等建设一批社会工作服务站点。

要提升专业服务能力。社会工作参与脱贫攻坚是一项艰巨的任务，我国专业社会工作发展时间较短，社会工作人才队伍相对年轻，脱贫攻坚工作的实践经验较少。在此过程中，社会工作者一定要特别注重增强专业能力，提升专业服务质量，充分发挥社会工作在脱贫攻坚中的专业优势。社会工作者要协助有关部门做实做细需求评估，深入分析贫困对象个人及家庭致贫原因，有针对性地提出系统性问题解决方案，为精准脱贫奠定坚实基础；要切实秉承社会工作专业价值、专业理念，坚持以人为本、助人自助，深深扎根于贫困地区，坚守专业精神和专业情怀，为贫困地区群众送去温暖和关爱；要着眼于社会问题可持续解决方案，激发脱贫攻坚的内生动力，调动贫困地区群众的积极性和主动性，推动可持续发展。

要实施一批重点项目。各地各部门应大力支持面向贫困地区的社会工作服务工程和项目的实施，通过有效载体培育贫困地区社会工作人才、发展社会工作服务机构、提供专业社会工作服务，为贫困地区群众送去实实在在的关爱和帮助。比如，实施社会工作教育对口扶贫计划，支持和鼓励高校社会工作专业院系与贫困地区合作建立社会工作专业培训、教师实践和学生实习实训基地，帮助贫困地区培养社会工作专业人才；实施社会工作服务机构"牵手计划"，从发达地区选择管理规范、服务专业、公信力强的社会工作服务机构，与贫困地区各类福利机构和社区组织开展结对帮扶，提升受援地的社会工作服务水平；实施面向边远贫困地区、边疆民族地区和革命老区的社会工作人才培养计划，选派一批社会工作专业人才深入中西部贫困地区，扎根贫困村开展社会工作服务；实施面向贫困地区的特殊困难人群社会工作服务项目，重点为农村特困人员、留守儿童和困境儿童，以及空巢、失独、病残、失能老年人，开展有针对性的社会工作服务。

打赢脱贫攻坚战需要社会各方力量的参与，实施精准扶贫战略，为社会工作参与脱贫攻坚拓展了服务场域。当前，中央对深度贫困地区脱贫攻坚工作提出了新要求，这也是对社会工作的新考验。助力脱贫攻坚，社会工作大有可为。广大社会工作者要强化责任意识、践行群众观点、发挥专业优势，为打赢脱贫攻坚战、全面建成小康社会，做出自己应有的贡献。

第二节　开展社会工作教育反贫困培训

研讨会上，北京大学、南京理工大学、长春理工大学、青海民族大学、宜宾学院、鲁东大学等高校代表介绍了各高校响应申报“社会工作教育对口扶贫计划”的情况，交流了各高校参与反贫困的思路和做法，分享了社会工作教育反贫困的经验。为了进一步提升高校师生参与社会工作教育反贫困的实践能力，拓展社会工作教育反贫困研究的范围，大会组委会于12月2日邀请反贫困专家开展社会工作参与反贫困的培训，并就筹备中国社会工作教育协会反贫困社会工作委员会等事宜进行了安排。

一、黄承伟：新时代脱贫攻坚的理论创新与实践创新

国务院扶贫办全国扶贫宣传教育中心原主任、现中国扶贫发展中心主任黄承伟研究员指出，新时代脱贫攻坚的研究要加强理论创新与实践创新。首先，习近平扶贫开发战略思想为脱贫攻坚提供了根本遵循。以习近平扶贫开发战略思想为指引，脱贫攻坚顶层设计基本完成，我国扶贫开发

理论创新被提高到了新的历史高度，同时脱贫攻坚的实践创新也不断深入推进。其次，要在脱贫攻坚实践中明确目标。一方面，明确脱贫攻坚的目标是农村人口全部脱贫、贫困村全部出列、贫困县全部摘帽、区域性整体贫困得到解决；脱贫攻坚目标体系要多元化，体现贫困成因和脱贫的综合性。另一方面，要创新脱贫攻坚的责任落实机制、政策供给机制、投入及使用管理机制、动员机制、监督机制和考核机制，为脱贫攻坚提供制度支撑。最后，社会工作要积极参与脱贫攻坚。精准扶贫、精准脱贫面临诸多挑战，如部分贫困群众内生动力不足、扶贫资金使用与管理有待加强，扶贫政策实施存在盲区等。社会工作助力脱贫攻坚空间广阔，既要运用社会工作专业方法实施精准扶贫、精准脱贫，聚焦深度贫困精准发力，又要加强学理研究，促进精准扶贫理论研究与实践探索，建立可借鉴、可复制的扶贫模式。

二、张和清：社会工作介入扶贫的理论与方法

中山大学张和清教授（见图 2－8）指出，社会建设依靠社会人才。社会工作专业队伍需要有深层的同理心；社会工作者要扎根社区，全心全意为人民服务；要重视社区自治，让社区民众主导公共空间和公共生活。

首先，社会工作者要扎根社区。这既是贫困地区脱贫攻坚需要坚持的信念，也是社会工作者在开展扶贫服务中进行精准识别的工作方法。社会工作扎根社区的核心即社区为本—行动研究—驻守村居—社区能力建设。这里，他重点强调了两点：关于“驻村”，主要是指回到社区本身，通过与社区民众共同生活来观察、倾听及共同行动，借此回应社区民众的需求，这是一

种以人为本的思维与实践；关于"入户"，主要是指重拾家庭友好访问，开创社会个案工作，协调人与社会的关系。

图 2-8　中山大学张和清教授发言

其次，做好社会工作专业团队建设工作。党的十九大报告提出"实施乡村振兴战略"，并指出农业农村农民问题是关系国计民生的根本性问题。在这一背景下，社会工作专业力量参与脱贫攻坚的重要性日益凸显。但在实际操作层面，真正走进贫困者的日常生活，将服务做到家里、邻里、心里是一件很不容易的事情。这就需要社会工作者处理好同居民的关系，建立信任感；处理好与各级政府的关系，通过民众喜闻乐见的方式将边缘群体组织起来；摸清社区整体情况，找到社会工作服务的方向。

最后，推动乡村社区自治和善治。通过扎根社区，推动社区实现"五位一体"可持续发展目标。社区经济的行动计划包括如下几个方面：(1) 政治目标是按劳分配、劳动者当家做主；(2) 社会目标是组织群众、互助合作；(3) 文化目标是实现文化传承、文化认同；(4) 生态目标是实现环境友好、可持续发展。同时，社会工作者从救助服务者转变成为相伴同行者和能力建设者，通过长期的同行，激活社区内生力量，借助本土文化力量，再造社区(村居)自助、互助、共助的自治体系。

三、向德平：社会工作与扶贫

中国社会工作教育协会副会长向德平教授(见图 2－9)指出，社会工作与扶贫具有相关性，这为社会工作参与扶贫服务提供了介入空间。从我国扶贫实践情况来看，社会工作介入扶贫是必然的选择。社会工作参与脱贫攻坚的主要途径是：树立以人为本的工作理念，搭建社会工作介入平台，重视贫困者的能力建设，促进贫困者的社会参与，运用专业理念和方法提供服务。社会工作的介入是修正与弥合扶贫政策不足、提升扶贫对象能力的重要举措。

图 2－9　中国社会工作教育协会副会长向德平教授讲话

四、甘犁：激励相容的反贫困政策实验

美国德州农工大学经济系讲席教授、西南财经大学经济与管理研究院

院长甘犁教授围绕激励相容的反贫困政策实验展开分析。甘犁作为“劳动收入奖励计划”与“青少年教育促进计划”实验的主要发起人，于2017年成立了反贫困政策研究机构——反贫困政策实验室，旨在通过随机对照实验和科学评估，研究致贫原因及反贫困政策的影响机制，创新和推广适合中国国情的反贫困政策。

五、袁文英：参与式发展——以妇联内蒙古赤峰项目为例

赤峰市妇联主席袁文英以妇联内蒙古赤峰项目为例探讨了参与式发展的问题。她指出，基层传统的行政命令式的扶贫工作方式迫切需要被打破，扶贫工作急需专业社会工作者的指导：一是要认识到专业社会工作者的根在基层，社会工作者到基层参与实践是不断丰富专业社会工作理论和实现本土化的唯一途径；二是运用社会工作教育协会的巨大人力资源和师资力量，组织开展基层群众工作者的培训工作，让专业社会工作理念和方法落地生根；三是有计划地支持不发达地区的专业社会工作机构建设，并将这些机构作为高校社会工作的实践基地。

六、陈太勇：社会组织扶贫与农村发展实践——以海惠为例

四川海惠助贫服务中心主任陈太勇以海惠为例，探讨了社会组织扶贫与农村发展实践问题。海惠助贫服务中心以结束饥饿、减缓贫困、关爱地球为使命，是一个专注于农村扶贫与社区发展的非营利机构。该机构通过提供牲畜、农作物及相关技术培训，帮助贫困农户自力更生，农户脱贫后将牲畜后代或等价值的捐款、知识和技能传递给其他贫困家庭，实现

产业扶贫、精准扶贫、可持续扶贫。

海惠扶贫模式经历了三个阶段：一是畜牧发展阶段(1985—2006)，主要任务是提供良种、培训技术、发展生产、增加收入；二是社区综合发展阶段(2007—2012)，主要任务是建立互助组、提振精神、物质支持、能力提升、产业脱贫；三是助贫创福价值链阶段(2013—至今)，主要任务是继续社区建设、互助走向合作、产业提升规模、建商业价值链、实现精准扶贫。

第三节　首批百所高校签订反贫困协议

中国社会工作教育协会副会长兼秘书长马凤芝教授主持社会工作教育对口扶贫计划工作布置暨现场动员会，通报调查问卷结果，公布申请院校的名单，颁发对口扶贫任务书。

一、通报“社会工作教育反贫困调研”结果

马凤芝教授通报了 2017 年 9 月实施的高校参与社会工作教育反贫困调研的情况。调研结果显示，高校社会工作专业力量积极参与脱贫攻坚，但参与度和参与水平尚需提高。

专栏 2-2

高校社会工作参与反贫困调查报告

调查显示，共有 74 所开设社会工作专业的高校参与反贫困工作。其中

有9所高校位于华北地区，4所高校位于东北地区，3所高校位于沪浙地区，20所高校位于苏皖地区，5所高校位于山东地区，7所高校位于华南地区，8所高校位于华中地区，9所高校位于西南地区，9所高校位于西北地区。调查中所涉及的社会工作在读专科学生有1 041名，本科生有10 575名，社会工作硕士有2 054名，相关专业硕士研究生有95名，博士研究生有9名。相比于数目庞大的学生群体，社会工作专业教师的力量略显不足。在这74所院校当中，社会工作专业在职教授共173名，副教授为282名，讲师为266名，助教为26名，专业督导为303名。尤其是将一些中部和西部高校与东部社会工作发展程度较好的院校相比可以发现，其师资力量就更显薄弱。社会工作专业的发展，对反贫困有着重要的作用，因而帮助西部地区院校发展社会工作专业，已经成了一项对专业发展以及对打赢脱贫攻坚战来说迫在眉睫的任务。

调查人员发现，高校参与社会工作脱贫攻坚的方式大致可分为以下几种。

一、通过在贫困地区建立实习基地的方式进行扶贫

社会工作专业一直以来都注重对学生进行实践教育，要求社会工作专业的学生参加实习，是社会工作专业人才培养过程中非常重要的一个环节。部分接受调查的高校有一定数量的实习基地可供学生进行实习。实习基地少于10个的高校有26所，实习基地数为10个到20个的高校有28所，实习基地数在20个以上的高校有18所。为了提升实习基地的专业性，53所高校建立了社会工作服务中心或社会工作服务社，在为学生提供实习场地的同时，也为社会提供社工专业服务。在74所高校中，有15所在贫困地区设

有19个实习基地，涉及一些国家扶贫重点开发县和三区三州深度贫困地区，分别是：河南省洛宁县、河北省平山县、云南省丽江市永胜县、安徽省裕安区、河南省淮阳县、江西省修水县、贵州省安龙县、贵州省台江县、重庆市秀山县、重庆市丰都县、重庆市石柱县、四川省凉山州、四川省广元市朝天区、四川省汶川县、四川省叙永县、陕西省周至县和新疆维吾尔自治区塔什库尔干塔吉克自治县。绝大多数实习基地建立在高校所在的省（自治区、直辖市）。北京师范大学和南京大学两所高校是在省外建立实习基地。

二、通过开设与扶贫相关的课程，培养社会工作专业学生的专业技能与素养

47所高校开设了与扶贫相关的课程。这些与扶贫相关的课程以农村社会工作、灾害社会工作、社区建设、贫困与福利等内容为主。其中，南京林业大学开设了当代中国社会问题精准扶贫专题课程。

三、应政府有关部门或非政府组织（NGO）的邀请开展扶贫培训

74所高校当中，有35所曾受政府有关部门邀请开设了与扶贫相关的培训，课程覆盖3 566人次。有10所高校应非政府组织（NGO）等有关机构邀请开设了与脱贫相关的培训，覆盖441人次。面向政府工作人员的课程，重点在于社区治理工作的实务技巧，涉及农村社会工作、灾害社会工作、社区营造、扶贫第三方培训评估等内容。而面向非政府组织（NGO）的培训集中在扶贫方法与工作技巧等方面。这些培训短则1天，长则15天。

四、在社会工作专业对口贫困地区实施扶贫项目

74所高校在38个对口贫困地区实施了扶贫项目，其中有15个属于国

家扶贫重点开发县，分别为：河北省承德县，云南省永胜县，安徽省岳西县，重庆市秀山区，重庆市丰都县，重庆市石柱县，四川省昭觉县，四川省喜德县，河北省清河县，新疆维吾尔自治区民丰县、洛浦县、乌恰县、托里县、尼勒克县、吉木乃县。在这些对口扶贫项目，有10个是同政府合办的项目，有28个是通过链接相应资源进行帮扶的项目。除此之外，各高校还通过第三方评估、儿童家庭帮扶、支教等形式进行了扶贫。除了常规的帮扶服务项目外，有关高校也为当地政府及当地群众提供与脱贫相关的培训和咨询，培育社会工作专业人才，以为脱贫工作开展提供人才支撑。其他的工作内容包括：促进易地搬迁贫困群众融合适应，配合基层社会工作服务站点建设，在贫困地区开展社会工作、社会治理知识宣传普及工作，参与直接帮扶服务和项目，保护贫困地区传统文化等。

社会工作专业扶贫项目达到了一定的效果。社会工作教育扶贫共帮扶2 468人次，建立了44个留守儿童/妇女/老人支持小组，面向儿童/妇女/老人的服务覆盖了约1 685人次，开展了24个社会工作服务示范项目，开设了82个反贫困培训、讲座、研习班等，建立了13个专业服务站点，培养了约210位反贫困专业人才。

在项目经费的来源上，大多数高校获得了政府的经费支持，部分高校得到了基金会和企业的资助，还有来自学校的经费支持。这些项目所获得的经费支持共计458.3万元。

从调查中我们可以发现，当前高校的社会工作专业力量正在参与脱贫攻坚，但是参与度不高，参与的水平有限。正在开展脱贫项目的高校联系人普遍表示，在脱贫攻坚工作中，比较大的困难在于经费缺乏，有关专业知识储备和实践能力不足、服务地交通不便，能够进行深度合作的专业社会工作机构较少、社会工作专业人才比较紧缺。而目前没有开展脱贫项目的高校表示，未参与的主要原因在于缺乏相应的资源，缺乏政策支持，除此之外，也有未找到合适的参与方式或暂无明确的参与计划。高校都有意在社会工作专业力量参与脱贫攻坚计划中有所作为，希望借此发展师资、增加资源、成立相应的实习基地。

各高校提出了一些有益的建议。第一，希望得到政府层面的激励与支持，加强政府、社会工作机构、高校之间的协调，推进对口扶贫工作。在充分考虑差异性的前提下，开展社会工作教育对口扶贫的试点工作，积累实践经验。第二，发挥高校的优势，为脱贫攻坚输送更多高质量的专业人才。第三，希望提高贫困地区社会工作者的薪酬待遇，增强其职业认同，激励更多的人投身反贫困事业。第四，统筹规划高校社会工作教育对口扶贫工作，促进不同高校之间的经验交流，东西部高校联手实施计划，让社会工作教育资源得到最大限度的利用。

二、签订社会工作院校参与反贫困任务书

中国社会工作教育协会启动首批“全国社会工作教育对口扶贫项目”，与承担对口扶贫的高校签订任务书（见图 2 - 10），促成 112 所高校对口援助 77 个国家级贫困县，支持高校在贫困县建立社会工作专业培训基地、教师实践基地和学生实习实训基地。

图 2 - 10　颁发高校对口扶贫任务书

专栏 2 - 3

中国社会工作教育对口扶贫计划(第一批 112 所院校)

序号	学校名称及院系	对口实施项目点	是否为国家级贫困县
1	安徽农业大学人文社会科学学院	安徽省六安市裕安区、临泉县	是
2	安徽师范大学历史与社会学院	安徽省石台县	是
3	保山学院政治学院	云南省施甸县	是
4	北京大学社会学系	陕西省白水县	是
5	北京社会管理职业学院社会工作系	河北省张北县、丰宁县、围场县	是

续 表

序号	学校名称及院系	对口实施项目点	是否为国家级贫困县
6	北京师范大学社会发展与公共政策学院	陕西省定边县、绥德县、米脂县	是
7	北京师范大学—香港浸会大学联合国际学院人文与社会科学学部	四川省会东县	否
8	成都信息工程大学文化艺术学院	四川省达州市通川区	否
9	东北师范大学人文学院	吉林省龙井市	是
10	东北石油大学人文科学学院	黑龙江省林甸县	是
11	福州大学人文与社会学院	宁夏回族自治区固原市原州区	是
12	复旦大学社会发展与公共政策学院	云南省永平县	否
13	甘肃民族师范学院经济与社会发展系	甘肃省临潭县、舟曲县、迭部县、玛曲县	是
14	甘肃政法学院公共管理学院	甘肃省夏河县	是
15	广西师范大学政治与公共管理学院	广西壮族自治区龙胜县	是
16	广西师范学院政法学院	广西壮族自治区上林县	是
17	广州城市职业学院公共管理系	安徽省阜阳市颍东区、利辛县	是
18	贵州财经大学文法学院	贵州省水城县	是
19	哈尔滨工程大学人文社会科学学院	黑龙江省汤原县	是
20	哈尔滨工业大学人文社科与法学学院	黑龙江省兰西县	是
21	海南热带海洋学院人文社会科学学院	海南省五指山市、琼中县、白沙县、保亭县	是
22	河北大学哲学与社会学学院	河北省阜平县	是
23	河海大学公共管理学院	陕西省石泉县	是
24	河南财经政法大学社会学系	待定	/
25	湖北工程学院政治与法律学院	湖北省孝昌县、大悟县	是
26	湖北师范大学历史文化学院	湖北省阳新县	是

续 表

序号	学校名称及院系	对口实施项目点	是否为国家级贫困县
27	华北理工大学人文法律学院	河北省隆化县	是
28	华东理工大学社会与公共管理学院	云南省寻甸回族彝族自治县	是
29	华中农业大学文法学院	湖北省蕲春县、湖北省房县	是
30	吉林农业大学人文学院	吉林省洮南市	否
31	集美大学法学院	福建省龙岩市	否
32	江苏师范大学公共管理与社会学院	陕西省三原县	否
33	江西财经大学人文学院	江西省横峰县	是
34	江西科技师范大学法学院	江西省莲花县	是
35	江西师范大学政法学院	江西省莲花县	是
36	井冈山大学政治学院	江西省遂川县、万安县、永新县、井冈山市、吉安县	是
37	乐山师范学院政法学院	四川省马边县	是
38	辽宁大学公共管理学院	待定	/
39	鲁东大学法学院	西藏自治区墨脱县	是
40	洛阳理工学院人文与社会科学学院	河南省洛宁县	是
41	南京财经大学法学院	待定	/
42	南京理工大学公共事务学院	安徽省金寨县	是
43	南京农业大学人文与社会发展学院	安徽省太湖县	是
44	南京师范大学社会发展学院	安徽省金寨县	是
45	内蒙古大学民族学与社会学学院	内蒙古自治区四子王旗	是
46	内蒙古科技大学文法学院	内蒙古自治区卓资县、察哈尔右翼中旗	是
47	内蒙古医科大学卫生管理学院	内蒙古自治区武川县	是
48	齐鲁医科大学(筹)	贵州省镇宁县	是
49	青岛大学政治与公共管理学院	待定	/

续 表

序号	学校名称及院系	对口实施项目点	是否为国家级贫困县
50	青海民族大学政治学院	青海省海东市乐都区	是
51	山东大学哲学与社会发展学院社会工作系	河南省确山县	是
52	山东理工大学法学院社会学系	待定	/
53	山东女子学院社会与法学院	山西省左权县	是
54	山东青年政治学院政治与公共管理学院	山西省平顺县	是
55	山西医科大学人文社会科学学院	山西省吕梁市兴县	是
56	深圳大学法学院	待定	/
57	沈阳化工大学人文与社会科学学院	河北省平泉市	是
58	石家庄学院法学院	河北省平山县	是
59	首都经济贸易大学劳动经济学院	待定	/
60	四川农业大学法学院	四川省雷波县	是
61	四川外国语大学社会学系	重庆市城口县	是
62	苏州大学社会学院	安徽省潜山市	是
63	太原科技大学人文社科学院	山西省汾西县	是
64	天津城市职业学院社会事业系	河北省蔚县	是
65	天津理工大学社会发展学院	天津市蓟州区	否
66	潍坊科技学院经济管理学院	甘肃省康乐县	是
67	武汉科技大学文法与经济学院	待定	/
68	西安思源学院思想政治理论教学研究部	陕西省米脂县	是
69	西北大学马克思主义学院	陕西省旬邑县	是
70	西北民族大学民族学与社会学学院	甘肃省临潭县、东乡县（现为“东乡区”）、广河县、平凉市静宁县	是

续　表

序号	学校名称及院系	对口实施项目点	是否为国家级贫困县
71	西北农林科技大学人文社会发展学院	陕西省合阳县	是
72	西北师范大学社会发展与公共管理学院	甘肃省礼县、广河县	是
73	西南财经大学社会发展研究院	四川省美姑县	是
74	西南大学法学院	重庆市万州区	是
75	西南石油大学法学院	待定	/
76	咸阳师范学院政治与社会学学院	陕西省淳化县	是
77	湘南学院法学院	湖南省江华县	是
78	新疆师范大学民族学与社会学学院	待定	/
79	信阳师范学院法学与社会学学院	待定	/
80	邢台学院马克思主义学院	河北省临城县、巨鹿县	是
81	扬州大学社会发展学院	安徽省金寨县	是
82	宜宾学院法学院	四川省叙永县	是
83	义务工商职业技术学院人文旅游学院	待定	/
84	云南大学民族学与社会学学院	云南省玉龙县	是
85	长春工业大学公共管理学院(人文学院)	吉林省镇赉县	是
86	长春理工大学法学院	吉林省汪清县	是
87	长沙民政职业技术学院民政与社会工作学院	湖南省古丈县	是
88	郑州轻工业学院政法学院	河南省台前县	是
89	中共吉林省委党校社会学教研部	吉林省长岭县	否
90	中国劳动关系学院社会工作学院	待定	/
91	中国青年政治学院社会工作学院	甘肃省天祝县、榆中县	是

续 表

序号	学校名称及院系	对口实施项目点	是否为国家级贫困县
92	中国人民大学社会与人口学院	河北省张北县	是
93	中国社会科学院社会政法学部硕士教育中心	待定	/
94	中华女子学院社会工作学院	内蒙古自治区巴林右旗、喀喇沁旗	是
95	中南民族大学民族学与社会学学院	湖北省咸丰县	是
96	中山大学社会学与人类学学院	云南省师宗县	是
97	重庆城市管理职业学院民政与社会治理学院	重庆市秀山县	是
98	重庆工商大学社会与公共管理学院	重庆市云阳县	是
99	重庆科技学院法政与经贸学院	重庆市丰都县、石柱县	是
100	重庆理工大学知识产权学院	重庆市奉节县、云阳县	是
101	黑龙江省社会科学院社会学	待定	/
102	北京师范大学中国社会管理研究院社会学院	广西壮族自治区龙州县	是
103	北京农学院文法与城乡发展学院	待定	/
104	黑龙江工程学院人文与社会科学系	待定	/
105	福建师范大学社会历史学院	宁夏回族自治区隆德县	是
106	内蒙古工业大学人文学院	内蒙古自治区卓资县	是
107	南开大学周恩来政府管理学院	甘肃省庄浪县	是
108	西华大学社会发展学院	待定	/
109	贵州大学公共管理学院	待定	/
110	华中师范大学社会学院	待定	/
111	河南财政金融学院法学院	河南省光山县	是
112	大连海事大学公共管理与人文艺术学院	待定	/

中国社会工作教育协会副会长兼秘书长马凤芝教授(见图 2-11)汇报了反贫困社会工作专业委员会筹备情况,并对会议进行了总结。她指出,有 200 所高校社会工作专业师生参与会议,针对社会工作教育反贫困议题进行深入的交流和讨论,这促进了社会工作对口扶贫计划的落实,彰显了社会工作教育反贫困的力量。今后,我们要更加重视社会工作教育反贫困的作用,将社会工作教育纳入国家社会治理体系建设,为 2020 年全面脱贫攻坚、建成小康社会做出贡献。

图 2-11　中国社会工作教育协会副会长兼秘书长马凤芝教授汇报工作情况

小　结

中国社会工作教育协会积极推进社会工作教育反贫困工作,支持和鼓励高校社会工作专业院系与贫困地区合作开展社会工作专业培训、建立教师实践和学生实习实训基地，帮助贫困地区培养社会工作专业人才，重点开展参与贫困群众救助帮扶、贫困群众脱贫能力建设、易地搬迁贫困群众融合适应、贫困地区留守儿童关爱保护、其他特殊困难人群关爱等服务。

成都会议是全国社会工作专业学位研究生教育指导委员会、中国社会工作教育协会组织和动员社会工作高校（专业）参与反贫困的标志性会议。该会议促成112所高校签订了参与社会工作教育对口扶贫协议，开展了社会工作教育反贫困的研讨和经验分享。成都会议正式启动了社会工作教育对口扶贫计划，是我国社会工作教育专业力量参与脱贫攻坚的重要里程碑。

第三章　社会工作教育反贫困的系统部署——桂林会议

中国社会工作教育扶贫第二次动员大会暨教育扶贫研讨会于2018年4月14日在广西桂林召开，此次会议由全国社会工作专业学位研究生教育指导委员会、中国社会工作教育协会、广西师范大学联合主办，广西师范大学法学院、政治与公共管理学院承办，北京大学—香港理工大学中国社会工作研究中心协办，北京永真公益基金会、上海萌泰数据科技股份有限公司、美亚联创（北京）科技有限公司提供支持。来自全国20多个省、自治区、直辖市的100多家社会工作院系、十几个社会组织和政府部门共约270人参加了此次会议。

桂林会议主要分为五项议程：一是开幕式及动员讲话，二是第二批社会工作专业院校与贫困地区对口帮扶签约仪式，三是专家对社会工作教育参与反贫困的研究讨论，四是社会工作教育反贫困的理论与实务培训，五是社会工作教育反贫困委员会成立及大会闭幕式。

第一节　社会工作教育反贫困再动员

2018 年 4 月 14 日上午，中国社会工作教育扶贫第二次动员大会暨教育扶贫研讨会（与会人员合影如图 3－1 所示）在桂湖饭店开幕，开幕式由中国社会工作教育协会副会长、秘书长马凤芝教授主持。广西师范大学副校长林春逸、广西壮族自治区民政厅社会组织管理局（社会工作处）调研员黄清南、广西壮族自治区扶贫办副巡视员杨国艺先后致辞，全国社会工作专业学位研究生教育指导委员会副主任委员王思斌教授、中国社会工作教育协会时任会长徐永祥教授、国务院扶贫开发领导小组办公室社会扶贫司宿盟科长、民政部社会组织管理局（社会工作司）王铮键处长分别讲话。

图 3－1　中国社会工作教育扶贫第二次动员大会暨教育扶贫研讨会合影

专栏 3－1

开幕式嘉宾讲话

王思斌介绍了 2018 年 3 月 27 日国务院学位委员会所召开会议的精神，

指出我国研究生教育由理论型教育转变成服务需求、提高质量型教育，这里的需求包括教学、人才及社会的需求。王思斌教授指出，我们的教育要服务地方，要向西部倾斜，应该看到地方、西部的实际需要，社会工作院系要积极参与扶贫工作，展示社会工作助人自助的学科特点，提供专业服务，同时在实践中促进学科的成长。

图 3-2　王思斌教授讲话

徐永祥代表中国社会工作教育协会向积极参与反贫困工作的领导和师生表示最诚挚的感谢（见图 3-3）。他就做好社会工作教育参与扶贫攻坚工作提出了以下几点要求。一是进一步提高对社会工作教育参与扶贫攻坚战重要性的认识，主动回应国家战略的需求。参与脱贫攻坚是社会工作专业发展的重大机遇，它既能提升社会工作学科建设和学术能力，同时也能提升中国社会工作包括中国社会工作教育的水平。二是积极动员高校社会工作专业的师生参与脱贫攻坚，有效整合校内资源和校外资源。三是发挥专业特长，设计针对性强的服务项目，根据对口援建的贫困县、贫困村的实际需求，做好可持续扶贫的研究和实践，尤其要在专业培训、社会组织培训、社工服务项目的设计和实施、农民公共意识与公益精神的培养、农村社区发展等方面发挥专业特长。四是各教育单位结合民政部办公厅、国务院扶贫办综合司印发的《社会工作教育对口扶贫计划实施方案》的精神，制订和完善2018—2020年的三年行动计划。五是成立社会工作教育反贫困社会工作专业委员会，在国家有关部委的支持下进一步做好组织和协调工作，争取更多来自基金会和企业的支持。六是中国社会工作教育协会将在近三年年会的议题中设置专门的社会工作参

图3-3　徐永祥教授讲话

与脱贫攻坚论坛，举办研讨会，同时做好宣传工作，扩大社会工作参与脱贫攻坚战的影响。

国务院扶贫开发领导小组办公室社会扶贫司宿盟科长对社会工作者在扶贫攻坚中做出的贡献表示感谢(见图 3－4)。宿盟介绍了我国脱贫攻坚取得的决定性进展：一是近五年来平均每年脱贫 1 300 多万人，创造了我国减贫史上的最好成绩。二是脱贫攻坚促进了贫困地区经济社会的全面发展。通过基础设施和公共服务的大量投入，贫困地区的生产生活条件明显改善，增强了发展后劲，脱贫的硬性任务倒逼了贫困地区的产业发展，为乡村振兴打下了坚实基础。三是形成了全国、全社会合力扶贫的良好局面和专项扶贫、行业扶贫、社会扶贫"三位一体"的大扶贫格局，营造了向上向善的社会氛围，弘扬了社会主义核心价值观，体现了我国的政治优势和制度优势，在国际上也收获了广泛赞誉。

图 3－4　宿盟科长讲话

宿盟指出，脱贫攻坚成就显著但任务依旧艰巨，目前脱贫攻坚已经到了啃硬骨头的阶段，所面临的都是贫中之贫、困中之困，贫困人数多，脱贫难度大。打好精准脱贫攻坚战需要社会工作专业力量发挥更大的作用。扶贫本身就是一项社会工作，党中央历来高度重视包括社会组织、社工专业人才在内的社会力量在扶贫开发中的重要作用。习近平总书记强调，要动员全社会力量广泛参与扶贫攻坚，鼓励支持各类企业、社会组织、个人参与脱贫攻坚。根据党中央的决策部署，民政部、财政部、国务院扶贫办提出了要实施社会工作教育对口扶贫计划，要借助社会工作教育较发达的人才优势、资源优势，积极开展社工领域的东西部扶贫协作，引导社工资源向贫困地区汇集。

民政部社会组织管理局（社会工作司）社会工作处王铮键处长在讲话中（见图 3－5）指出，社会工作教育对口扶贫计划是社会工作助力扶贫攻坚的基础性工程，从首批计划的实施情况来看，体现了实践者们认识到位、对接到位、举措到位，首批计划积累的经验为我们组织开展好第二批计划提供了很好的借鉴。王峥键就做好第二批社会工作教育对口扶贫计划提出了具体要求：首先，参与者要进一步深化对社会工作教育对口扶贫计划的认识。社会工作教育对口扶贫计划是社会工作教育界在新时代担当时代重任、践行专业使命、凸显独特价值的必然要求，是社会工作服务国家、服务社会、服务群众的有力体现。社会工作教育界义不容辞且责任重大。社会工作者是参与精准扶贫的一支专业力量，中共中央、国务院关于打赢脱贫攻坚战的一系列文件，对社会工作专业人才参与扶贫，进一步发挥社会工作专业人才的作用提出了明确要求。打赢脱贫攻坚战、全面实现小康

图 3-5　王铮键处长讲话

社会是社会工作践行专业使命和体现专业价值的重要机遇，社会工作教育界要乘势而上，以实施社会工作教育对口扶贫计划为抓手，在服务国家重大决策方面有所作为。其次，进一步把握好社会工作教育对口扶贫的关键，《社会工作教育对口扶贫计划实施方案》对社会工作教育扶贫的目标、任务和步骤做了明确要求，其中有三个关键点，即立足帮扶地区的实际需求、突出社会工作教育的独特优势、注重减贫脱贫的实际，对此，需要认真把握和落实。

第二节　社会工作教育反贫困再部署

为了贯彻习近平总书记关于脱贫攻坚的一系列重要指导思想和党中央的关键部署，落实《民政部 财政部 国务院扶贫办关于支持社会工作专业参与脱贫攻坚的指导意见》，中国社会工作教育协会联合全国社会工作专业学位研究生教育指导委员会，动员、组织200余所社会工作教育单位参与对口扶贫计划，在200个贫困县开展对口扶贫工作。2017年12月1日的四川成都会议，有112所院校签订了对口帮扶的协议，此次桂林会议促成了90所社会工作院校与贫困地区和贫困县建立对口扶贫关系，实现了组织200余所社会工作教育单位参与扶贫攻坚的目标。

一、第二批院校签约

经过自主申报，广州大学、南京大学、新疆大学、华东师范大学等90所高等院校签订了社会工作教育对口扶贫项目协议。

专栏3-2

第二批签约院校名单

安徽大学	安徽工程大学	安徽警官职业学院
北华大学	北京城市学院	北京工业大学
北京建筑大学	北京科技大学	川北医学院
东北林业大学	东南大学	鄂尔多斯应用技术学院
赣南师范大学	广东工业大学	广西大学
广西科技大学	广西医科大学	广州大学
广州番禺职业技术学院	贵州民族大学	贵州师范大学
桂林理工大学	国家行政学院	杭州师范大学
河南师范大学	黑龙江大学	湖南女子学院
湖南人文科技学院	湖南商学院	湖南师范大学

续　表

华北电力大学	华东师范大学	华东政法大学
华南理工大学	华南师范大学	华中科技大学
淮南师范学院	吉林大学	吉林建筑大学
济南大学	江汉大学	闽南师范大学
南昌大学	南京大学	南京工程学院
南京航空航天大学	南京林业大学	内蒙古农业大学
内蒙古师范大学	宁夏大学	齐齐哈尔医学院
青岛理工大学	清华大学	厦门大学
陕西师范大学	上海大学	上海商学院
上海师范大学	上海政法学院	沈阳师范大学
首都师范大学	四川大学	铜陵学院
武汉大学	武汉理工大学	西安翻译学院
西安交通大学	西北政法大学	西藏民族大学
新疆大学	云南财经大学	云南民族大学
云南农业大学	云南师范大学	长江大学
浙江财经大学	浙江大学	浙江工商大学
浙江理工大学	浙江师范大学	郑州大学
中共湖南省委党校	中国政法大学	中南财经政法大学
中南大学	中央财经大学	中央民族大学
重庆大学	重庆商务职业学院	重庆师范大学

二、颁发对口扶贫任务书

王思斌、徐永祥、马凤芝、宿盟、王铮键向签约的高校代表颁发了对口扶贫任务书(见图 3－6)。

图 3－6　颁发对口扶贫任务书

三、项目说明与任务部署

马凤芝教授就社会工作教育参与脱贫攻坚做了详细的部署(见图 3－7)。她指出,社会工作教育参与脱贫攻坚主要从五个方面展开,即帮助

图 3－7　马凤芝秘书长进行任务部署

提升贫困地区社会工作教育水平，帮助贫困地区培养社会工作专业人才，指导基层社会工作服务站点建设，以专业教育促进贫困地区专业服务发展，参与实施社会工作知识普及工程。社会工作教育参与扶贫的基本原则包括：面上推进与重点帮扶相结合、外部借力和内生动力相结合、社会运作和政府支持相结合、本地帮扶和异地帮扶相结合。社会工作教育参与扶贫完成任务的途径有与本校扶贫任务对接或自主选点、建立长期对口合作基地、以多种形式开展专业教育参与扶贫攻坚等。

专栏 3-3

新形势下社会工作教育参与脱贫攻坚工作与任务部署

马凤芝

一、项目背景

为贯彻习近平总书记关于打赢脱贫攻坚战、做好新形势下东西部扶贫协作和深度贫困地区脱贫攻坚工作等重要指示的精神，《民政部 财政部 国务院扶贫办关于支持社会工作专业力量参与脱贫攻坚的指导意见》提出了实施社会工作教育对口扶贫计划的要求。

二、核心任务与总体目标

1. 核心任务：社会工作教育扶贫。

2. 总体目标：百校对口扶贫——到 2020 年，促成至少 200 所高校与贫困县/地区建立社会工作教育对口支援点。

三、项目内容

1. 帮助提升贫困地区社会工作教育水平

2. 帮助贫困地区培养社会工作专业人才。

3. 指导基层社会工作服务站点建设。

4. 以专业教育促进贫困地区专业服务发展。

5. 参与实施社会工作知识普及工程。

四、基本原则

(一) 面上推进与重点帮扶相结合

中国社会工作教育协会联合全国MSW教指委统筹协调，在贫困地区开展社会工作培训、实习、督导等工作，重点加强对深度贫困地区("三区三州"①)的支援力度。

(二) 外部借力和内生动力相结合

1. 东西联结。借助东部地区院校资源，整合、盘活西部地区的社会工作专业学历教育、职业教育和继续教育，进一步扩大贫困地区社会工作教育资源。

2. 造血促内生。为贫困地区培养和输送社会工作专业人才，充分发挥社会工作专业人才在宣传倡导、资源链接、心理社会支持方面的作用，实现造血式专业教育扶贫。

(三) 社会运作和政府支持相结合

1. 社会工作院校是社会工作教育对口扶贫计划的实施主体，各院校须结合贫困地区脱贫需要，积极调动社会力量参与扶贫，在已有项目的基础上

① "三区三州"：三区(西藏自治区和青海、四川、甘肃、云南四省藏区及南疆的和田地区、阿克苏地区、喀什地区、克孜勒苏柯尔克孜自治州四地区)，三州(四川凉山州、云南怒江州、甘肃临夏州)，是国家层面的深度贫困地区。

进行延伸、扩展和创新。

2. 民政部和地方民政部门在计划实施过程中给予必要的指导和支持。

（四）本地帮扶和异地帮扶相结合

立足贫困地区实际，利用就近就便的社会工作教育资源，优先考虑区域内对口帮扶，鼓励跨省、跨地区的对口帮扶。

五、具体策略

（一）与高校扶贫任务对接

积极参与高校对口贫困县和贫困地区的扶贫工作，利用既有的扶贫工作渠道、资金和平台开展社会工作教育扶贫工作。

（二）自主选点，建立长期对口合作基地

根据便利、可行、有效和可持续的原则，自主联系贫困地区建立社会工作教育扶贫点，利用已有专业实习经费，将实习基地建在贫困地区。

（三）以多种形式开展专业教育参与扶贫攻坚

结合自身优势，找准社会工作教育参与脱贫攻坚工作的着力点，在精准对象识别、激发内生动力、社区发展能力、留守儿童关爱等方面积极开展社会工作专业培训、实习等工作。

六、经费问题

该计划项目所需资源主要依靠各参与院校单位自筹。社会工作专业和社会工作教育参与脱贫攻坚是社会工作专业共同体的责任，各院校要充分发挥社会工作教育在培养贫困地区社会工作专业人才、发展社会工作专业机构等方面的优势，以多种形式参与脱贫攻坚工作。

七、保障措施与项目管理

（一）加强组织领导

1.“社会工作教育对口扶贫计划”在民政部指导下，由中国社会工作教育协会联合全国社会工作专业学位研究生教育指导委员会牵头组织实施。

2. 为实施好计划，中国社会工作教育协会建立反贫困社会工作专业委员会、计划实施管理办公室，定期召开全国性会议，统筹协调项目的推进，研究解决计划实施中的重点难点问题；发布计划实施通讯，通报交流各校对口帮扶情况。

（二）做好协调工作

民政部负责与中国社会工作教育协会及省级民政部门的沟通衔接，协调有关部门在政策、资金、项目上加大对社会工作教育对口扶贫计划的支持力度，促进对口支持双方做好对接工作，为计划的具体实施创造条件。

（三）加强计划实施管理

根据计划确定的目标任务和产出成果，反贫困社会工作专业委员会和项目管理办公室负责建立计划实施实时监控与定期汇总分析制度，定期向民政部反馈计划执行情况和存在的问题，确保计划的顺利实施。

四、院校代表介绍对口扶贫计划

来自广州大学、郑州大学、宁夏大学、新疆大学、西藏民族大学、陕西师范大学的教师代表介绍了各校实施社会工作教育对口扶贫计划的情况。

专栏 3-4

院校代表介绍申报情况

广州大学的谢俊贵教授(见图 3-8)介绍了该校社会工作专业参与教育扶贫的情况,重点介绍了该校社会工作专业在广东省梅州市大埔县的对口扶贫项目及资源链接情况,提出社会工作教育扶贫的重点在于以“培训培训者”的形式提升贫困地区社会工作教育水平。

图 3-8　广州大学谢俊贵教授发言

郑州大学的蒋美华教授(见图 3-9)介绍了该校社会工作专业进行教育扶贫的基础,重点介绍该校社会工作专业在河南省泌阳县双庙街乡闫洼村的对口扶贫情况,提出社会工作教育扶贫的重点在于关爱贫困地区留守儿童、其他特殊困难人群，提升贫困地区社会工作教育水平，建设贫困地区社会工作实习实训基地。

图 3－9　郑州大学蒋美华教授发言

宁夏大学的王雪梅教授（见图 3－10）介绍了该校社会学专业的建设历程、招生与就业、师资队伍、教学管理工作等情况。她表示，将积极推进社会工作教育对口扶贫项目，开展宁夏回族自治区社会工作扶贫实务，建设研究基地，形成一批社会工作扶贫的研究成果。

新疆大学的谢琼彦老师（见图 3－11）从培训、督导、研究、资源整合、政策倡导等方面介绍了该校社会工作专业参与脱贫攻坚的情况。

西藏民族大学的张林教授（见图 3－12）介绍了西藏民族大学社会工作专业参与张咀村教育扶贫的经验，介绍了该校在陕西省咸阳市礼泉县张咀村和陕西省山阳县龙山河村开展教育扶贫的工作计划。

图 3 - 10 宁夏大学王雪梅教授发言

图 3 - 11 新疆大学谢琼彦老师发言

图 3-12　西藏民族大学张林教授发言

陕西师范大学的王胜利教授从专业担当、增强信心、积极响应三个方面介绍了该校社会工作教育参与对口扶贫工作的计划。

第三节　社会工作教育反贫困再研讨

此次会议安排了 16 所院校的社会工作专家对社会工作教育反贫困进行专题研讨，专家们从不同层面、不同角度探讨了社会工作教育介入反贫困工作的理论、方法与服务模式。

一、向德平：社会工作与反贫困：介入空间与介入途径

向德平教授指出，社会工作助力脱贫攻坚，就是将社会工作的专业价

值、专业理念、专业方法、专业力量运用到脱贫攻坚的工作中，发挥社会工作不可替代的专业优势和人才优势，提高反贫困工作的专业性，培养反贫困领域社会工作人才，调动社会力量参与反贫困事业，构建社会扶贫的大格局。

专栏3-5

社会工作介入反贫困的空间与途径

向德平

一、我国反贫困的形势及要求

改革开放以来，我国实现了“迄今人类历史上最快速度的大规模减贫”。尽管如此，扶贫工作仍然面临着贫富差距扩大、区域发展不平衡、经济增长与社会事业建设不同步、环境资源破坏等问题。面对这些挑战，党中央发出了脱贫攻坚的动员令，我国的扶贫开发进入新阶段即精准扶贫阶段。

二、社会工作介入反贫困的作用

1. 提供专业价值观。社会工作能为反贫困提供平等、以人为本、自决、个别化的价值观，帮助贫困群体进行能力建设，提高帮扶对象的参与度，从而实现从“助人”到“自助”的发展。

2. 提供专业理论。社会工作能帮助个体认识和挖掘自身潜能，并将这些能力和优势用于解决贫困问题。

3. 提供专业方法。在长期的反贫困工作中，社会工作已经形成了一套科学的工作方法，这些工作方法包括个案工作、小组工作、社区工作等专业工作模式和个案辅导、团体治疗、资源链接、问题挖掘等工作技巧。

4. 提供专业平台。社会工作在反贫困工作中处于第三方地位，与各类反贫困主体既独立又合作，能有效传递各类反贫困主体的经验启示和问题需求，起到“桥梁”和“润滑剂”的作用。

三、社会工作介入反贫困的方式

1. 实践方向多元化。不断扩宽反贫困社会工作的覆盖地区，扩大服务的人群，进一步充实工作内容，实践方向逐步由单一转向多元。

2. 介入渠道多极化。社会工作参与反贫困的渠道不仅有与服务对象联系的直接性渠道，还有通过承接政府、市场和社会组织的间接性渠道。

3. 服务方法专业化。反贫困社会工作服务方法的专业化表现在机构管理规范化和介入手法专业化。

4. 实践理念积极化。社会工作教育反贫困由传统的“输血式”工作理念向“造血式”“参与式”工作理念转变。

5. 工作模式系统化。社会工作已经形成了一套系统、完善的工作模式，从经济、心理、精神、文化、生态等多个方面开展反贫困工作，发展出了系统化的扶贫模式，包括赋权模式、社区发展模式、文化扶贫模式、生态扶贫模式等。

四、社会工作介入反贫困的挑战与应对

社会工作介入反贫困面临着专业水平有待提高、角色定位尚待明确、社会认同亟须加强、工作模式仍需优化等挑战。因此，我们要贯彻助人自助的价值理念，明确社会工作的角色定位，加强机构和工作者的能力建设，重视贫困群体的社会参与，提高政府和社会的认同水平，推进社会工作的制度化建设。

二、黄锐：县域社会的综合发展干预计划——以云南省寻甸回族彝族自治县为例

黄锐副教授指出，县域社会的发展干预要以综合发展即经济发展、政治发展、社会发展、文化发展、生态发展为目标。他以云南省寻甸回族彝族自治县为例，介绍了该县实现综合发展的具体措施。

专栏 3－6

县域社会的综合发展干预计划
——以云南省寻甸回族彝族自治县为例

黄　锐

一、背景介绍

云南省寻甸回族彝族自治县位于滇东北之要冲，距昆明市约 90 公里，总面积为 1 588 平方公里，辖 16 个乡（镇、街道）174 个村（社区），常住人口有 56.3 万人，其中回族、彝族、苗族等 25 个少数民族人口占比为 23.6%，是昆明市 3 个少数民族自治县之一。该县曾是全国 592 个国家扶贫开发工作重点县之一，2013 年全县建档立卡贫困人口有 33 366 户 127 979 人，目前全县整体达到脱贫摘帽标准。

二、理论基础与计划目标

1. 理论基础：社会发展理论。

2. 计划目标：实现经济、政治、社会、文化、生态五个方面的综合发展。

三、实施措施

该县的综合发展从经济、政治、社会、文化、生态五个方面展开。一是开展县域经济＋公共管理硕士（MPA）核心课程＋乡村振兴专题培训，加强与上海企业对接，加快推进以合作社为基础的乡村振兴；二是深入研究治理现代化，加强基层党校组织建设，完善村民自治制度；三是加大政府购买服务力度，完善社会工作与社会组织发展制度，提高社会工作的服务质量；四是加强村庄公共文化和民族文化建设；五是改善村庄的卫生环境，优化居民的生产方式和生活习惯。

三、高万红：优势视角下农村贫困地区小学生心理健康服务探索

高万红教授以云南省楚雄彝族自治州永仁县宜就镇中心小学、保山隆阳区金鸡镇金鸡小学高年级学生为评估对象，探讨了优势视角下社会工作如何干预农村贫困地区儿童心理健康。

专栏3-7

优势视角下农村贫困地区小学生心理健康服务探索

高万红

一、背景介绍

1. 家庭核心角色（父母）缺位、家庭教育弱化、应试教育对农村贫困地区儿童心理健康产生了不利影响，农村贫困地区儿童心理状况亟须关注。

2. 近年来国家出台的一系列加强心理健康服务的政策为社会工作开展儿童精神健康服务提供了依据。

3. 现有的社会工作研究较少涉及介入农村贫困地区儿童心理的策略和方法。

二、样本研究

该研究以云南省楚雄彝族自治州永仁县宜就镇中心小学、保山隆阳区金鸡镇金鸡小学923名高年级学生为评估对象，通过心理测量、问卷调查、焦点小组和个别访谈，发现30.88%的学生心理处于亚健康状态，主要表现为孤独、自卑、情绪不稳定、社交能力弱等。

三、服务计划与实施

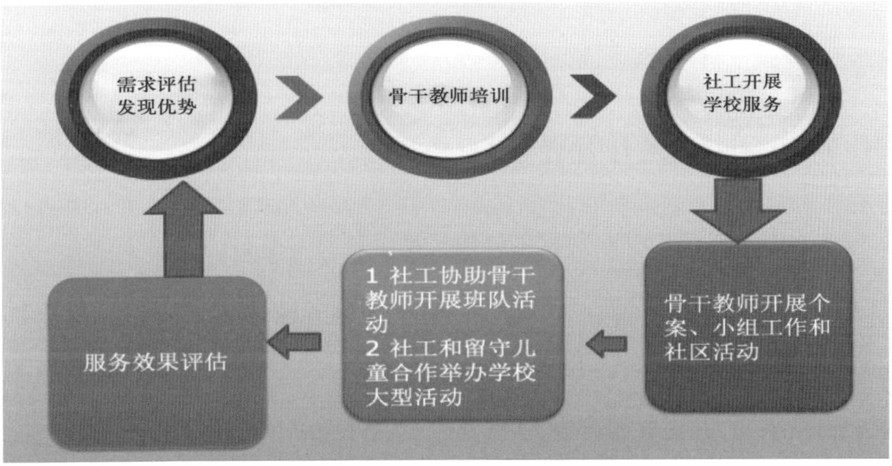

四、反思与建议

从优势视角理论出发，社会工作为农村贫困地区小学生提高心理素质服务，要以预防为主，关注优势，淡化问题，体现能力为本，尊重文化差异性；服务对象要面向全体学生和教师并兼顾家长；服务途径要将心理健康服务与学校德育工作相结合；服务方式要不断创新。

四、亓迪：学科优势视角下的扶贫行动方案——以河海大学参与陕西省安康市石泉县扶贫为例

亓迪副教授介绍了河海大学参与陕西省安康市石泉县扶贫的经验：一是依托河海大学移民学科优势平台，为石泉县基层工作人员提供专业培训；二是依托河海大学移民学科优势及河海大学 MSW 教育中心基地合作平台优势，链接南京乃至江苏全省社会组织资源，培育、扶持地方性社会组织，促进专业服务的可持续性；三是为易地搬迁贫困人口提供前期需求调研评估服务、搬迁人口社会融入及关系调适服务、移民流动人口的社会支持服务、心理疏导服务、有关就业或保障资源链接服务。

五、芦恒："社区抗逆力"培育与精准扶贫

芦恒教授从风险社会的视角分析了精准扶贫中抗逆力的培养问题。社区抗逆力是指一个地域能够应对危机及从危机中得以恢复的能力，其构成要素包括坚固性、储备性、快速性、资源动员性。抗逆力理论被广泛运用于社区风险管理、社区灾后重建、社区营造及农村扶贫开发等方面的研究。

六、林卡：高校 MSW 中心助力扶贫开发——以浙江大学 MSW 中心为例

林卡教授强调，文化扶贫可以弥补"自上而下"的反贫困政策在推动贫困群体脱贫主观意愿过程中的制度缺位，在扶贫工作中，我们必须高度重视文化扶贫。高校应从文化扶贫的角度助力扶贫开发：一是通过高校学生与帮扶对象的接触，冲击其思维定式，激发其内在动力；二是通过构建高校反

贫困实践长效机制，加快建设贫困群体社会关系和社会网络；三是充分发挥社会工作专业学生在反贫困调查研究与实务服务中的专业能力。

七、尹忠海：移民型扶贫社区儿童教育的多重约束

尹忠海教授指出，移民型扶贫社区的儿童教育面临着教育资源分布不均，配套政策难以嵌入地方政治生态、关系生态，女性婚姻观念巨变等多重困境，社会工作者应该成为制度设计的参与者、社会政策的倡导者、日常生活的辅导者、儿童教育的同行者、教育角色的补位者，深度介入贫困儿童的教育问题。

八、闭伟宁：广西移民扶贫的困境与对策

闭伟宁教授介绍了广西易地扶贫搬迁工作的概况及困境，他指出要从五个方面做好移民搬迁工作：一是转变发展观念，做好扶贫搬迁规划，从搬迁移民可持续发展的角度出发，从长计议、因地制宜、科学规划安置区产业；二是建立稳定的就业机制，提升移民发展能力，完善安置地的就业政策；三是尊重移民社区生计多元化的现实，多方位提供就业指导和服务，多渠道创造就近就业的机会；四是构建社区管理协调机制，开展人文关怀与社区文化建设。

九、黄耀明：构建“三社联动”机制，推动乡村精准扶贫

黄耀明教授指出，“三社联动”是指社会组织、社工、乡村社区三者间的联合行动。在三社联动的各个要素中，社工是主体要素。社工可以撬动乡村能力，评估乡村问题，引入社会组织资源，满足乡村建设与发展的需要。

十、穆莉萍：政府—农户—组织互动协作视角下社会工作嵌入精准扶贫的路径

穆莉萍老师介绍了四川外国语大学教育扶贫的情况。该校社会工作教育扶贫着眼于培养本土人才，参与乡村治理与振兴为目标，前期建立了“产学研”相结合的服务站点协助落实扶贫政策，中期参与了贫困群体脱贫能力建设，后期参与了社区自组织建设及社区物质资本和文化资本营建。教育扶贫介入的路径包括扶贫政策执行与扶贫行动并举、外部输入与内生系统培育并进、文化建设与物质资本积累并行、动态监测与长效观护并推。

十一、何乃柱：社会工作院校参与扶贫的路径、作用与反思——以广西师范大学为例

何乃柱副教授介绍了广西师范大学社会工作参与扶贫的实践经验：一是依托自身注册的社会组织开展扶贫工作；二是依托其他单位或组织开展扶贫工作；三是通过专业发展与育人开展扶贫工作。他认为，社会工作者在扶贫工作中承担着需求评估者、直接服务提供者、资源链接者、民情调研者、政策倡导者、组织培育者等多重角色。

十二、罗艳：华中科技大学“三区计划(2013—2015)”扶贫项目

罗艳老师介绍了华中科技大学“三区计划(2013—2015)”的实施情况。该校 2013 年在桃园社区建设居家养老服务站，2014 年在县福利院开展社会工作服务，2015 年在县福利院及周巷福利院开展社会工作服务，服务的内容

包括普及性培训、服务示范、与当地人同行、本土资料汇编，此项目促进了社会服务组织的发展、当地社会组织的成立以及地方社工人才的培养。

十三、毛刚强：以基层党建和社区合作，建立贫困脱困行动机制——以贵州省镇远县为例

毛刚强副教授指出，可持续脱贫的根本在于“解困”，即帮助贫困群体改变不能、不愿、不想通过行动改善生活与处境的状况。“解困”本质上是开展乡村治理、推进社区集体行动，通过共商、共识、共建、共担、共享达到“解困”的目标，通过治理与合作能力建设、经济能力建设、文化能力建设、环境能力建设、福利能力建设、社会能力建设来完善社会能力系统，支持社区“脱困”。

十四、王玉龙：激发内生动力、助力脱贫攻坚——社会工作服务重庆市秀山土家族苗族自治县钟灵镇云隘村精准扶贫

王玉龙老师介绍了重庆城市管理职业学院社会工作精准扶贫的经验：一是以驻村书记为责任人，建立三方联动制度，打造长效扶贫机制；二是以社区教育为手段，开展农民夜校 10 余场，树立自主脱贫观念；三是以困难群体为重点，募集善款 10 余万元，化解贫困群体子女入学困难的问题；四是以驻村学校为平台，募集图书 5 000 余册，营造村民学习氛围；五是以亲情视频为连线，爱心交流 100 余次，提升家庭亲情交流；六是以主题活动为载体，服务 2 000 余人次，促进村民睦邻融合；七是以培育本土组织为关键，孵化两个村民组织，构建互助支持网络；八是以特色产业为关键，户均增收 6 000 余元，实现村民长效脱贫。

十五、张煦晔：互联网＋社会工作助力精准扶贫

张煦晔老师指出，社会工作教育扶贫面临的挑战主要体现在信息、人才、方法三个方面，通过“互联网＋社会工作”的模式可以达到扶贫服务“精准信息、精准人才与精准方法”的要求。“智社”即互联网＋社会工作开放应用的平台，该平台致力于构建一套权威的社工专业教育和实务行业标准，建设社会工作知识分享与资源共享平台、社会工作实务信息化管理平台、社会工作在线学习和培训平台、社会工作行业大数据应用平台。

十六、岳香杉：TPR 技术融合社会工作教育扶贫的应用发展趋势

岳香杉老师指出，社会工作教育扶贫存在着调动资源有限、投入精力有限、工作专业性不足、脱贫成效有限的问题。TPR 技术融入社会工作教育扶贫可以解决教育资源分布不均的问题，帮助高校建设实习实训基地，实现科学化精准扶贫。

第四节　社会工作教育反贫困再培训

会议安排 6 名专家开展理论与实务培训，向德平教授从理论实践创新的角度分析了新时代精准扶贫的特点，钱宁教授探讨了社会自组织在贫困社区能力建设中的作用，陈涛教授分享了发展性社会工作理论的内容与方法，甘犁教授分析了激励相容的反贫困政策实验，施国庆教授介绍了社会工作介入易地搬迁移民脱贫的经验，杨团研究员以农禾之家“禾力计划”为例分析了社会工作教育反贫困的路径与作用。

一、向德平：精准扶贫——新时代减贫的理论实践创新

向德平教授从主要任务、脱贫标准、精准扶贫、精准扶贫与片区发展结合、精准扶贫与兜底扶贫结合、扶贫开发与生态保护并重、工作格局、资金投入保障、独特优势、能力建设十个方面系统介绍了精准扶贫的理论及实践，总结了精准扶贫不同于传统扶贫方式的特点。

二、钱宁：社区自组织在贫困社区能力建设中的作用

钱宁教授探讨了培养贫困地区自组织的重要性。他指出，社区自组织是指人们基于自身生活需要，在特定社区空间范围内所形成的互助合作组织、关系维系组织、情感支持组织、信仰组织、文化娱乐组织等；自组织是培育社区内生动力的主要抓手，发展社区自组织是实现贫困地区脱贫发展的内源基础；关注社区自组织，发展社区自组织，是扶贫攻坚必须追求的行动目标；运用社会工作的社区组织技术将贫困群众组织起来，运用社区自组织的力量培育自主脱贫动力，是社会工作参与扶贫攻坚的一项重要服务。

三、陈涛：发展性社会工作

陈涛教授分享了发展性社会工作理论的有关内容。他指出，发展性社会工作是一种强调将促进经济参与和改善社会功能相结合的社会工作理论与方法，其突出的特征是综合干预和大量使用社会投资策略；发展性社会工作意味着对宏观的社会工作组织模式、中观的社会工作机构管理运作模式、

微观的社会工作实务模式的反思与重构；发展性社会工作理论包括社会经济、社会投资、社区组织三个核心范畴；发展性社会工作者之于服务对象有三种角色即照顾者、陪伴者、同行者。总的来说，发展性社会工作是为人服务、和人一起服务、支持人们自我服务的理论和方法。

四、甘犁：激励相容的反贫困政策实验

甘犁认为，收入差距过大是制约内需增长的重要因素，当前收入差距过大是市场配置资源、再分配不足的结果。因此，减贫和缩小收入差距是促进消费增长和经济转型的关键。甘犁教授指出，缩小收入差距需要加大现金转移支付力度，建立长期稳定的现金转移支付制度，将现金转移到激励就业、增加收入、发展教育等项目上。激励相容的反贫困政策实验主要包含劳动收入奖励计划和青少年教育促进计划，其中劳动收入奖励计划是扶贫与扶志的结合，即对贫困家庭的劳动所得给予一定的现金奖励，鼓励他们积极参与劳动生产，促进其主动脱贫。

五、施国庆：易地搬迁移民扶贫脱贫的社会工作介入

施国庆教授介绍了易地搬迁扶贫的政策背景、原则及历史进程，他以“十三五”期间贵州易地扶贫搬迁的实践，分析了社会工作介入易地扶贫搬迁存在的问题。他指出，易地扶贫搬迁是一项规模巨大且复杂的工作任务，不仅需要依靠现阶段的工作组织，还需要整合社会资源。社会工作介入易地扶贫搬迁包括识别搬迁贫困人口、做好移民搬迁动员、优化移民安置规划设计、协同安置点房屋和公共基础设施建设实施、组织移民搬迁安

置、扶助移民生计恢复、就业和收入提高、化解移民矛盾和冲突、解决移民问题、帮助社会适应和融合、重建社区管理体系和运行机制，是帮助移民可持续恢复发展的重要途径，对改善易地搬迁移民扶贫工作极具针对性。

六、杨团：反贫困中的社会工作——以农禾之家“禾力计划”为例

杨团研究员介绍了农村社会工作的背景、特性与现状。她指出，乡村振兴需要培养人才，而“禾力计划”正是由农禾之家策划执行的为农民合作组织提供智力支持的具体实践。“禾力计划”是针对乡村基层人才的基础教育，目标是培养懂农业、爱农村、爱农民并能承载不同类型的农业产业化、农村田园化、农民组织化的，能带领小农户实现共富和城乡共荣的综合性合作社。杨团详细介绍了“禾力计划”的发展规划及实际操作过程，她强调“禾力计划”的核心价值观是助人自助、本土成长、多元创新，独特之处是本土精英＋专家学者、实际操作＋案例分析、游戏拓展＋知识小册、团队合作＋反思成长，技术特征包括组织技术、个人技术、专业技术。

第五节　反贫困社会工作专业委员会成立

2018 年 4 月 15 日下午，反贫困社会工作专业委员会成立大会在广西桂林召开。此次大会由向德平教授主持，彭华民、田北海、杨发祥、高万红、徐丽敏、肖富群、张文喜、赵怀娟、肖萍、黄锐等参加了大会。委员们积极发言，为反贫困社会工作专业委员会的工作开展建言献策（见图 3－13、图 3－14）。

图 3－13　向德平教授主持会议

图 3－14　第一届反贫困社会工作专业委员会亮相

小　结

2018 年 4 月 15 日下午，历时三天的中国社会工作教育扶贫第二次动员大会暨教育扶贫研讨会圆满闭幕。在这次会议上，90 所社会工作专业院校与贫困县建立了对口帮扶关系，顺利实现了 200 所教育单位在 200 个贫困县的 500 个贫困乡镇、村建立专业扶贫工作服务点的预定目标。反贫困社会工作专业委员会的成立为社会工作教育参与反贫困提供了组织保障和专业支持。

第四章　社会工作教育反贫困的阶段总结——新乡会议

2018年12月8日至9日，“中国社会工作教育扶贫年会暨精准扶贫与社会工作研讨会”在河南省新乡市河南师范大学举行。与会的专家学者围绕“精准扶贫与社会工作”，深入探讨了社会工作在精准扶贫中运用专业理论和方法分析农村反贫困行动的重点及社会工作的切入点，总结了不同区域精准扶贫的实践工作经验。会议安排特邀主旨报告、主题报告、分论坛、反贫困社会工作论文发表与成果出版座谈会、平行论坛等学术交流环节。此次会议是全国社会工作专业学位研究生教育指导委员会和中国社会工作教育协会在举办两次教育扶贫动员大会后，举行的首次全国性教育扶贫大会，也是反贫困社会工作专业委员会成立以来的第一届年会，意义重大。

第一节　社会工作教育反贫困的共同研讨

为总结社会工作教育扶贫的经验，来自北京大学、南开大学、美国波士顿大学、美国佩斯大学等高等院校的专家学者齐聚一堂，共同研讨社会工作与教育扶贫，以促进彼此间的学术交流与实务发展。民政部社会工作司社会工作处处长王铮键，中国社会工作教育协会时任会长徐永祥，河南省社会工作教育协会会长林世选，波士顿大学社会工作学院院长乔治·德尔华，佩斯大学暨清华海峡研究院教授陈社英，河南师范大学党委常委、副校长李雪山等出席开幕式。中国社会工作教育协会各会员单位、有关院校的专家学者共200余人参加了会议。中国社会工作教育协会副会长兼反贫困社会工作专业委员会主任向德平教授主持开幕式。中国社会工作教育协会名誉会长王思斌教授、常务副会长关信平教授、副会长兼秘书长马凤芝教授、乔治·德尔华教授、陈社英教授分别做大会特邀主旨报告。与会专家学者通过主题报告、3个分论坛做了42场精彩的学术报告。与会期刊社、出版社的负责人同专家学者就反贫困社会工作方面的论文发表和学术出版问题进行了广泛研讨与热烈互动。大会举行了“中央财政项目周年总结会议”平行论坛，马凤芝主持此论坛并在会上做中央财政项目2018年工作报告。云南大学、云南师范大学、安徽农业大学、江西师范大学等17所高校代表交流社会工作教育参与脱贫攻坚的经验。在大会闭幕式上，与会领导为本次会议优秀论文作者及优秀志愿者颁奖。向德平代表反贫困社会工作专业委员会做总结讲话，并传达了国务院扶贫办、民政部最新的会议精神。马凤芝代表中国社会工作教育协会致闭幕词。会后，与会代表赴史来贺同志纪念馆和刘庄展览馆进行了实地参观考察(与会嘉宾合影见图4－1)。

图 4-1 “中国社会工作教育扶贫年会暨精准扶贫与社会工作研讨会”与会嘉宾合影

一、开幕式

2018 年 12 月 8 日，“中国社会工作教育扶贫年会暨精准扶贫与社会工作研讨会”开幕式顺利举行（见图 4-2）。河南师范大学副校长李雪山在开幕式上致欢迎词，他指出，我国进入新时代以来，扶贫方式从以往的粗放型向精准型转变。我国实施社会工作教育对口扶贫计划，发挥中国社会工作

图 4-2 “中国社会工作教育扶贫年会暨精准扶贫与社会工作研讨会”开幕式

教育协会的推动作用，支持和鼓励高校社会工作专业院系与贫困地区合作建立社会工作专业培训、教师实践和学生实习实训基地，帮助贫困地区培养社会工作专业人才，这是社会工作教育参与脱贫攻坚的重要抓手。社会工作的介入可以为精准扶贫提供理念上的建构、技术上的支撑、制度上的创新，这对打赢脱贫攻坚战，全面建成小康社会，实现中华民族伟大复兴具有重要作用。

王铮键、徐永祥、林世选分别致辞。社会工作教育扶贫作为一项功能性扶贫，重要的是要立足于社会工作的专业优势，发挥社会工作教育在“扶志”“扶智”方面的作用。目前看来，扶贫服务的问题与难点在于“扶志”和“扶智”上。而参与解决这两个短板是社会工作的长处，因此，要发挥社会工作在“扶志”和“扶智”上的专业优势，进一步重视社会工作参与脱贫攻坚工作，把实践和研究紧密结合，积极进行 2020 年后脱贫时代的前瞻性研究与准备，衔接好当前与后脱贫时代的反贫困工作，更好地完成和落实三部委精神和要求。我们要以更大的决心、更明确的思路、更精准的措施、更超常规的力度，携手同行，为脱贫攻坚战贡献社会工作的专业力量和专业智慧。

二、特邀主旨报告

中国社会工作教育协会名誉会长王思斌、常务副会长关信平、副会长兼秘书长马凤芝、乔治·德尔华、陈社英、陈太勇等分别以“社会工作参与精准扶贫实践的点面结构”“我国下一步农村反贫困行动的重点及社会工作介入的切入点分析”“社会工作教育参与脱贫攻坚一年工作报告：经验与挑战”

“贫困与健康的联系：以美国鸦片流行的情况为例”“扶贫与社会公平：社会工作与公共经济学的视野”为题，做大会特邀主旨报告。

专栏 4-1

特邀主旨报告

中国社会工作教育协会名誉会长王思斌做“社会工作参与精准扶贫实践的点面结构”主旨发言。他指出，精准扶贫中的点和面与扶贫对象问题的性质、支持者的资源、时间、具体目标等相关。要使服务对象真正脱贫，就要从整体上看待、分析、面对和介入问题。要解决关键问题，就要处理好介入的点与面的关系，以精准点为主，兼顾精准面。

中国社会工作教育协会常务副会长关信平做了题为“我国下一步农村反贫困行动的重点及社会工作介入切入点分析”的主旨发言。他提到，回顾改革开放以来我国农村反贫困的历程，当前脱贫攻坚的历史性意义是在一个发展中大国消除生存型贫困，为下一步持续开展反贫困打下基础。今后农村反贫困行动的基本目标是解决生活型贫困和发展型贫困、积累贫困地区发展的能力、实质性地缩小贫困地区与全国平均水平的差距。社会工作介入农村反贫困要遵循以下几项基本要求：一是长期性，建立长期稳定的农村社会工作体系；二是全面性，面向贫困地区所有农村居民；三是多层次，针对不同的人和不同的需要；四是立足建立本地化的专业社会工作体系。

波士顿大学社会工作学院院长乔治·德尔华(Jorge Delva)做了题为“贫困与健康的联系：以美国鸦片流行的情况为例”的主旨发言。他指出，美国低收入人群不良健康状况(心脏病、中暑、细菌感染、类阿片流行等药物使用)发生率较高。据研究,近30%的类阿片处方缺乏医学解释,低收入人群更多地受环境危害,更容易遭受痛苦,不管是城市还是农村都是如此,他们的健康服务更匮乏。鸦片类药物的滥用不只是健康问题,还受政治、经济、文化、心理、种族等多方面因素的影响。如果要改变这个现状,从个体层面来说,就要改变低收入人群的自我意识,减少他们对疼痛处方药品的依赖;从国家层面来说,就应该努力进行顶层政策设计,改善低收入人群的福利,支持家庭探亲计划和其他就业福利,加强社会福利和公共卫生基础设施,改变结构性和个体性做法以消除仇恨和不容忍。

美国佩斯大学暨清华海峡研究院陈社英做了题为“扶贫与社会公平:社会工作与公共经济学的视野”的主旨发言。他在发言中强调,政府职能与政策转型的关键在于认识总体公共政策(GPP)、“主义”和“问题”之间的关系,并明确采取用什么样的GPP和“主义”来解决各种各样的“问题”,以达到社会真正的和谐与公平,这是公共政策与公共经济学在“后经济国家”发展阶段应起的作用。中国扶贫经验的国际意义在于:提供扶贫开发重要战略思想及其国际化话语体系;构建中国减贫经验国际化立体式网络体系,加强海外减贫学习基地的建设;在实践中探索具有中国特色的减贫发展路径;将中国扶贫经验国际化、推进减贫合作与中国企业“走出去”相结合,实现互助共赢。

四川海惠助贫服务中心主任陈太勇以“海惠扶贫及乡村振兴模式与实践探讨”为题,分享了海惠扶贫经历不同阶段的不同模式,从造血式扶贫向乡村振兴转变,历经1.0版畜牧发展(1985—2006)、2.0版社区综合发展

(2007—2012)、3.0 版助贫创福价值链(2013 年至今)和 4.0 版乡村振兴(2018 年至今)。海惠致力于农村社区的振兴,实现产业兴旺、生态宜居、乡风文明、治理有效、生活富裕五大目标。具体来说,通过开发当地产业资源达到产业振兴,通过配置当地人力资源实现人才振兴,通过开发当地生态资源实现生态振兴,通过激活当地组织资源实现组织振兴,通过挖掘当地文化资源实现文化振兴。此外,海惠还响应"一带一路"倡议,走出国门,帮助泰国等国家的贫困地区脱贫。

第二节　社会工作教育反贫困成果交流

与会专家学者通过主题报告(见图 4-3)、分论坛交流等做了 42 场精彩

图 4-3　会议主题报告

的学术报告，就“反贫困社会工作理论与政策”“社会工作参与脱贫攻坚的实践探索”“反贫困教育工作学生特别论坛”等议题，深入探讨和积极分享社会工作参与精准扶贫方面的研究成果与实务经验。

专栏 4－2

主题报告

厦门大学的童敏教授等在以“精准扶贫的三维整合实践：深度贫困帮扶中的社会工作”为题的报告中，以厦门市同安区的“暖心宅急送”精准扶贫试点项目为研究个案，考察了社会工作者如何挖掘深度贫困人群的能力及有效链接环境资源的过程。通过跟进研究，他们发现：(1) 深度贫困人群面临疾病和残障的挑战，他们通常有托底保障、能力成长和环境支持三个方面的服务需求；(2) 针对深度贫困人群，社会工作需要采取以家庭为中心的三维整合实践，即针对返贫风险采用分级管理的托底实践，针对生活安排困难提供潜能挖掘的能力实践，针对环境支持不足实施多方参与的资产实践；(3) 在三维实践中，分级管理的托底实践是基础，潜能挖掘的能力实践是核心，多方参与的资产实践则是支撑。只有将三个维度的实践整合起来，使之相互促进，才能真正实现深度贫困人群的精准扶贫和基层社会治理的创新。

华东师范大学黄晨熹教授在题为“社会工作参与精准扶贫：国际经验与国内实践”的报告中指出，贫困是社会工作专业发端的直接动因，也是早期社会工作专业干预的主要社会问题。无论是从历史发展维度还是从国际比较维度，社会工作都被视为对贫困问题进行干预的有效手段之一。近年来，我国各级政府十分注重社会工作参与精准扶贫的工作。黄晨熹基于国际比较视角，通过系统梳理国内外文献，从社会工作有关政策体系、实务干预模式和干预绩效等角度进行中外比较分析，总结各自模式的优点和不足，对进一步完善社会工作参与精准扶贫工作提出对策与建议。

沈阳师范大学王立波教授以“社会分化与校内扶贫从单向度向多维度推进的思考——兼谈高校内社工扶贫内涵的深化与拓展”为题做了报告。他指出，大学内扶贫要从单向度的经济支持向多维度的心理支持和社会支持推进。一方面，要全面关注贫困大学生个体的生存状态与发展需求，在经济支持的基础上加大社会认知引导、人际关系辅导及危机干预；另一方面，构建自立自强的校园环境，普遍地鼓励和倡导大学生利用助学贷款、勤工俭学完成学业，弱化贫困生贷款、兼职标签化，形成自立自强光荣、依附依赖可耻的校园氛围。同时，要促进构建公平、理解和相互尊重的校园环境，思想教育与党团组织引导不能局限于政治运动，更要营造心灵的沟通理解。要通过社工介入引导学生开展日常生活帮扶，增进互助与理解，构筑平等的人际关系，形成精神上理解贫困生、人格上关爱贫困生的良好氛围。

青海民族大学荣增举教授以“青海‘三留守’人员需求及社会工作服务策略——以乐都上帐房村为例”为题，以上帐房村“三留守”人员为个案研究，采取访谈和观察的方法，对上帐房村“三留守”人员进行了需求评估，界定了农村“三留守”人员的主要问题。在分析的基础上，初步探索了社会工作介入青海农村“三留守”人员的服务策略。

专栏 4-3

分论坛 1：反贫困社会工作理论与政策

分论坛 1 的会议场景如图 4-4 所示。

图 4-4　分论坛 1：反贫困社会工作理论与政策

南京航空航天大学社会工作教育中心鲁兴虎副教授做了题为“乡村振兴背景下农村社会组织发展与精准扶贫”的报告。他指出，在乡村振兴背景下，结合国家基层社会治理的现实任务，给予新型农村社会组织发展的条件，是乡村发展与实现精准扶贫任务的重要保障。研究探索新型农村社会组织发展的路径和模式，让社会组织在精准扶贫中发挥应有的作用，也是学界的重要任务。

华中农业大学文法学院副教授罗峰等在题为“农村社区服务：体制演进与供给类型”的报告中指出，我国农村社区服务经历了由“社区自给”向“国主民辅”转变的过程，逐渐形成了由基本公共服务、社区互助服务、社区市场化服务构成的农村社区服务体系。这种体系的形成与我国国家下沉与市场化两种改革方向息息相关。在两种倾向下，农村社区服务混杂了行政与市场两种逻辑，国家的行政逻辑由于其资源占有及配置的垄断性而居主宰地位。市场化的逻辑在对行政逻辑无害的前提下，成为后者可资利用的工具。

复旦大学陈岩燕博士在题为“政策对象能动性视角下的反贫困政策实践研究”的报告中，以我国西南某国家级贫困县为个案，揭示了受助者在精准扶贫政策实践中的能动性状况，重新理解当前的反贫困政策实践。通过对当地扶贫过程中各种利益相关方的访谈，她发现：政策对象采取的行动策略应在当地特定的社区文化规范和家庭动态关系中来理解；受助者的能动性影响政策执行模式的同时，也被政策实践方式所形塑。这典型地体现为，建档立卡贫困户所理解的政策“时间窗口”，直接影响了他们响应政策的积极性。

商丘师范学院张中强老师在题为“消解与重构：赋权视角下精准扶贫对象主体性研究”的报告中指出，精准扶贫中对扶贫对象主体性的重视程度有所欠缺，致使扶贫成效凸显不足。扶贫对象的主体性应从自主性、自觉性、能动性和创造性四个方面来体现，即扶贫对象在扶贫实践中应具有自我意识和独立人格，能够认识到自己不仅是扶贫的客体更是脱贫的主体，应充分发挥自己的创造力，积极投身脱贫实践。在现实中，扶贫对象又受到政治、经济、文化、地理区位等环境因素的制约。精准扶贫政策中扶贫对象识别环节的约束与排斥、项目设计时的缺位，以及后续扶贫举措执行上的偏差等，限制了扶贫对象主体性的发挥。再加上扶贫对象自身能力、社会支持网络、心理等因素的限制,进一步弱化了其主体性,造成了其主体性的消解。

专栏 4－4

分论坛 2：社会工作教育参与脱贫攻坚的实践探索

分论坛 2 会议场景如图 4－5 所示。

图 4－5　分论坛 2：社会工作教育参与脱贫攻坚的实践探索

贵州财经大学公共管理学院党委书记李国和教授在题为"社会工作专业力量参与脱贫攻坚的路径思考"的报告中指出,目前我国高校社会工作专业教育实务能力存在不足,社会工作专业服务的介入并不是万能、普适的,因而我们需要认真思考社会工作服务介入的确切路径,以实现社会工作服务作用的有效发挥。一是要找准参与的确切路径，确保“精准介入”；二是要开展深度调研，及时发现与评估帮扶对象（群众）的深度问题与需求；三是要加强与政府的协调合作；四是要加强对扶贫对象“扶志”的社会工作专业方法的研究与引导，扶心—“扶志”—“扶智”—脱贫，是脱贫攻坚的科学路径。

湘南学院法学院院长周桂英教授在题为“增能视角下留守儿童家庭沟通能力提升——以郴州关爱保护农村留守儿童百场宣讲为例”的报告中指出，家长是孩子的第一任老师。因父母离家外出务工，未成年孩子被留在农村，成为留守儿童。父母长期与孩子分开，导致亲子沟通问题，突出表现为沟通少、沟通方式简单粗暴、沟通能力不足等。社会工作服务要增加亲子沟通：一是增加公共服务的供给，为外出务工的父母提供学习机会；二是强化父母亲子沟通的意识，主动增加亲子沟通的频率；三是赋权增能，提升亲子沟通的技巧。

青海民族大学荣增举教授和袁金霞副教授在题为“‘上帐房’的脱贫攻坚战——青海天泽社会工作服务中心介入农村脱贫攻坚服务项目”的报告中，针对社会工作介入农村脱贫攻坚服务项目提出以下建议：第一，社会工作者和志愿者要秉持尊重、鼓励、同理和不批判的价值理念，要有爱心，并保持细致的工作作风和态度；要有一支扎根乡村、服务乡村的社工和督导，以及由医学、农学等专家组成的服务团队。第二，必须突出扶贫与“扶志”“扶智”相结合的服务策划。社会工作者要制订完善的服务计划，满足服务对象的需要。第三，充分发挥社会工作者链接资源、调适关系、贴近服务对象和挖掘潜能的专业优势。第四，社会工作介入农村脱贫攻坚要具有可持续性。

井冈山大学社会工作教研室主任王才章老师在题为“嵌入与脱嵌：社会工作教育扶贫中的社会工作服务逻辑”的报告中指出，党的十九大报告提出了坚决打赢脱贫攻坚战的战略要求，社会工作教育作为一种专业力量被引入精准扶贫事业之中。精准扶贫要求社会工作专业力量瞄准服务对象的需求，深入理解当地的社会文化，“嵌入”具体的服务情境中。

首都师范大学社会学与社会工作系蔡鑫副教授等在题为“高校社会工作专业介入农村贫困地区儿童反贫困的‘4＋2’工作方式探讨”的报告中指出，高校社会工作与扶贫脱贫工作相互促进、相互支持，发展高校社会工作专业可以更好地完成扶贫脱贫的任务，而在完成扶贫脱贫工作的过程中及时对工作内容进行总结和反思，也可以更好地促进高校社会工作专业的发展。特别是研究贫困地区儿童的成长问题，更是我们今后防止贫困代际产生的重要工作任务，需要社会工作者在这一领域继续探索前进。

云南大学民族学与社会学学院李艳华老师在题为“云南大学社会工作系师生开展教育扶贫的138天”的报告中介绍了该校社会工作专业师生发挥社会工作的专业优势参与脱贫攻坚，运用专业理论和方法去解决贫困人口问题的经验，主要包括：运用参与式发展和能力建设的理论与方法，在助人自助理念的引导下，以贫困者主体性的培育和参与式社区发展为核心，加强贫困地区基层社区组织建设、文化建设、社会组织建设，服务农村减贫和贫困群众脱贫发展。

贵州师范大学社会工作系詹玉平老师在题为“高校社会工作专业院系介入精准扶贫的现实困境与对策探讨”的报告中，以贵州师范大学社会工作系对口贵州省黎平县黄岗侗寨扶贫计划的活动之一——黄岗灰粽义卖活动——为例，分析了高校社会工作专业院系介入精准扶贫所面临的经费短缺、资源拓展能力不足、扶贫经验不足等现实困境。他认为，要提高参与精准扶贫的成效，高校社会工作专业院系需要发掘和利用政府、社会、企业等多方资源，通过政府购买、项目合作等形成多方合作；需要发挥社会工作专业院系的资源链接优势，整合多方资源为贫困社区提供服务；需要在扶贫过程中坚守社会工作的专业价值理念，努力提升自身扶贫的实务能力；需要以平常心对待精准扶贫，切忌急功近利，好大喜功；需要保持系统思维和批判思考的能力，以发展性社会工作为主导，着力促进贫困社区主体性、自主性的提升以及社区的可持续发展。

山西医科大学李夏青老师在题为"'家本位'文化下社会工作介入农村精准扶贫服务探析——以山西省吕梁市L镇为例"的报告中强调，社会工作作为稳定社会的安全阀，介入精准扶贫问题是大势所趋。社会工作的异文化背景决定了其在介入过程中难免会遇到与本土文化不相适应的问题。而"家本位"文化的发展具有悠久历史，在人们心中具有坚实的根基，两者的契合必定能使社会工作的介入事半功倍。结合山西省吕梁市L镇的实践经验，李夏青对"家本位"文化下社会工作介入农村精准扶贫提出建议：(1) 社会工作者要积极进入社区宣传精准扶贫的方针政策；(2) 社会工作者要引导社会大众树立对贫困的正确认识；(3) 社会工作者要充分利用贫困对象的亲属支持，为其搭建社会支持网络；(4) 社会工作者要积极开展家庭式服务活动；(5) 社会工作者要定期开展加强社区道德建设的宣传活动。

四川农业大学邱振铭和齐华栋老师在题为"学校社工参与教育扶贫的模式探索"的报告中认为，社会工作介入精准扶贫可以发挥重要的作用，其介入的方式、路径会因为对象的不同而有所不同：从家庭层面来看，主要是以贫困家庭的经济收入与生计问题为切入点；从个人层面来看，主要是对陷入困境的家庭成员的支持与协助。困境儿童是社会工作服务中需要重点关注的对象之一，提高困境儿童自身的能力有助于他们转变对困境的看法与理解，进而改善他们及其家庭的现存状况。但是鉴于社会工作对困境儿童的研究容易以问题的视角展开，忽视其本身的资源与优势，邱振铭和齐华栋尝试依托高校社会工作对口扶贫项目，以凉山州雷波县马湖小学为例，围绕学生的意识提升与能力建设，从“资源”与“优势”的角度出发，梳理社会工作介入困境儿童服务的经验，探索学校社工参与教育扶贫的模式。

山西医科大学王子琳老师在题为“基于社会工作教育扶贫的实践探讨”的报告中，分享了在吕梁临县和中阳县进行的一系列教育扶贫活动及成效。山西医科大学社会工作协会社工志愿者在走访调研、前期服务的基础上了解到吕梁地区留守儿童主要面临的问题：生活失助、心理失衡、安全失保、道德失范、学业偏差、环境不适应、陪伴缺失和教育失衡等。针对留守儿童面临的问题，志愿者们所采取的措施包括：改善留守儿童的教育方式，建设规范化的社会工作者队伍，创新资金来源渠道，丰富教育扶贫方式，加大保护留守儿童的宣传力度等。当前，在政府职能发生转变的背景下，社会工作介入精准扶贫是对政府传统扶贫方式的革新和有效补充。以个案工作、小组工作、社区工作相结合的介入模式进行农村留守儿童的社会工作介入，对促进农村留守儿童的心理健康水平和生活质量的提升具有较好的效果。

专栏 4－5

分论坛 3：反贫困教育工作学生特别论坛

山西医科大学刘欣和司嘉欣老师在题为“农村社会工作实务对精准扶

贫的启示”的报告中指出，随着中国农村社会工作的本土化、专业化发展，我国农村社会工作的理念、理论和工作方法越来越契合精准扶贫的工作要求。农村社会工作中最重要的价值理念是助人自助。当村民、家庭、农村社区出现困难与问题时，农村社会工作者可以向其提供专业的服务，此为“助人”；农村社会工作者在调查评估后，整合当地资源、挖掘当地潜能，以此为基础向服务对象提供专业的服务，让当地村民在充分参与中增能增权，提高自我脱贫的能力，此为“自助”。因此，“助人”与“自助”在农村精准扶贫中是相互结合的。精准扶贫一直强调“贵在精准、重在精准，成败之举在于精准”。

山西医科大学孟宇燕老师在题为“教育扶贫背景下社会工作介入高校志愿服务”的报告中提到，社会工作介入教育扶贫背景下的高校志愿服务活动，整合了高校和社会资源，形成了志愿服务中高校与社会工作者的联动，高校志愿者与各类社工机构及其他公益组织合作，以输送志愿者的形式，广泛地参与志愿服务项目化运作和专业化服务，从而提高志愿者服务的专业性、广泛性、丰富性。从志愿者管理运行、服务考核评估层面，使社会工作服务的方法更加趋于规范化、专业化，助力服务对象自助，提高服务对象的社会适应能力，实现其长久发展。

第三节　社会工作教育反贫困示范项目

社会工作教育对口扶贫计划是推动高校社会工作专业力量参与精准扶贫，展现社会工作专业优势，促进社会工作专业发展的有力举措。社会工作教育界举行业之力、学校之力、师生之力投入其中，展现了社会工作教育界在服务国家经济社会发展大局中的责任感和使命感。在民政部、国务院扶贫办等部门的指导推动下，在全国社会工作专业学位研究生教育指导委员会、中国社会工作教育协会和设有社会工作专业的高等院校的不懈努力下，社会工作教育对口扶贫工作稳扎稳打，成效显著，探索出一系列示范项目。2018 年河南新乡的专题会议对此进行了集中交流和展示。

专栏 4－6

云南省社会工作教育对口扶贫项目[①]

2018 年 5 月 31 日，由中国社会工作教育协会主办，云南大学民族学与社会学学院承办的“2018 年中央财政支持云南省社会工作教育对口扶贫服务示范项目”启动仪式暨培训会议在云南大学人类学博物馆二楼报告厅举行。为落实党的十九大精神，进一步贯彻民政部、财政部、国务院扶贫办提出的“实施社会工作教育对口扶贫计划”的要求，由云南大学社会工作系牵头，联合云南民族大学、云南财经大学、云南农业大学、保山学院等高校的社会工作专业，分别在永仁县、文山市、施甸县和禄劝县等地开展教育对口扶贫和社会工作专业服务。云南省成为首个启动 2018 年中央财政支持社会工作教育对口扶贫服务示范项目的省份，云南大学也成了社会工作教育对口扶贫项目落地的第一站。

云南省社会工作教育参与对口扶贫行动，不仅提升了省内社会工作教

① 云南大学民族学与社会学学院：《2018 年中央财政支持云南省社会工作教育对口扶贫服务示范项目（云南）在云南大学启动》，http：// www. msxy. ynu. edu. cn/ info/ 1098/ 2034. htm，访问日期：2019 年 6 月 11 日。

育在全国的影响力，也进一步拓宽了社会工作专业人才培养的路径，高校师生将通过参与扶贫攻坚行动这个平台，将教学、服务、研究有机结合，发展本土反贫困社会工作的理论和方法，提高社会工作教育在国家战略发展中的参与度。

专栏 4-7

南京大学云南双柏精准扶贫社会实践①

2018 年 8 月 2 日，南京大学精准扶贫志愿服务团与云南省双柏县政府领导及有关部门负责人召开了“南京大学社会工作与双柏县精准扶贫”座谈会，双方进行了充分交流。该服务团对双柏县经济社会发展情况、双柏县脱贫攻坚的主要做法及社会工作发展现状进行全面了解，对社会工作教育对口扶贫的主要方向和需求调研方案加以细化和完善。

南京大学和双柏县以脱贫帮扶为纽带，紧密联结在一起。为推动双柏县经济社会发展，南京大学精准扶贫志愿服务团立足于双柏绿色、生态资源禀赋和深厚的民族文化底蕴，开展了一系列卓有成效的产销对接活动，包括举办农产品展销、推动优质农特产品进入南京市场，以及举办产销对接培训，促进对双柏县当地的智力帮扶。这些活动的开展，向外全面展示了双柏县，推动资源互补和融合发展，积极推动双柏县优质农特产品进入南京市场，促进双方实现了更好、更深、更广泛的合作，加快推进了双柏县高原特色现代农业的健康发展。通过培训，南京大学为双柏县提供了人才、科技、智

---

① 南京大学团委：《脱贫攻坚第一线：南京大学云南双柏精准扶贫社会实践正式启动》，https://www.sohu.com/a/242405991_673214，访问日期：2019 年 7 月 22 日。

力、信息帮扶，为双柏县的经济社会发展提供了强有力的支持。

专栏4-8

北京大学社会学系与陕西省白水县共建社会工作教育对口扶贫实施基地[①]

2018年9月20日至22日，北京大学社会学系社会工作团队赴陕西省白水县启动社会工作教育参与脱贫攻坚基地建设和实地调查活动。9月21日上午，北京大学社会学系与陕西省白水县人民政府举行“中国社会工作教育对口扶贫实施基地”揭牌暨启动仪式。北京大学社会学系社会工作专业负责人、中国社会工作教育协会副会长兼秘书长马凤芝，中国社会工作教育协会荣誉会长、北京大学社会学系教授王思斌，北京大学社会学系副教授邓锁及北京大学社会工作专业硕士研究生等一行十余人出席了此次揭牌仪式。参加揭牌仪式的白水县代表包括陕西省白水县委书记周庆文、县委副书记卢林、副县长秦奉举，以及县扶贫办、民政局、教育局、残联、妇联等职能部门负责人。此外，香港理工大学、西北大学、陕西省社会科学院及西安市社会科学院等相关单位代表也参与了此次活动。多年来，北京大学社会工作专业师生在陕西省白水县开展了多次调研和实践活动，有较好的工作基础。此次基地揭牌进一步推动了北京大学社会工作专业与白水县的合作。双方表示，将以基地为依托，积极推动对白水脱贫攻坚重点人群和特殊领

① 北京大学新闻网：《社会学系与陕西省白水县共建社会工作教育对口扶贫实施基地》，http://pkunews.pku.edu.cn/xwzh/2018-09/26/content_304467.htm?tdsourcetag=s_pcqq_aiomsg，访问日期：2018年10月20日。

域的社会工作服务介入，支持北京大学师生在白水县的项目调研与专业实习，并将围绕当地城乡社会工作人才队伍建设、社会组织能力发展及农村留守与困境儿童、残疾人及老年人服务等方面开展深入的研究与实践工作。

专栏 4－9

中华女子学院—赤峰市妇联社会工作教育对口扶贫试点项目①

2018 年 7 月 13 日，中华女子学院副院长、中国社会工作教育协会副会长刘梦，中华女子学院研究生处、社会工作学院、法学院、儿童发展与教育学院、国际教育学院等部门负责人一行 7 人，参加了赤峰市妇联在赤峰市国际会展中心举办的“中华女子学院—赤峰市妇联社会工作教育对口扶贫试点项目启动及签约仪式”。此次项目旨在通过中华女子学院与赤峰市妇联及赤峰市有关部门的共同努力，为赤峰市培养一支具有社会工作专业理念与工作方法的基层扶贫工作队伍，促使这支队伍成为推动赤峰市社会工作专业实践和社会工作职业发展的中坚力量，从而推动赤峰市社会工作专业介入精准扶贫，提高高校社会工作专业教育实践水平。响应国家打赢扶贫攻坚战的要求，该项目将发挥中华女子学院社会工作专业教育的优势，通过开展社会工作专业教育扶贫实践，落实国家对新农村建设的要求和举措，探索

① 中华女子学院研究生处：《中华女子学院与内蒙古赤峰市妇联合作“社会工作专业教育对口扶贫试点项目”正式启动》，http://www.cwu.edu.cn/zhxw/53109.htm，访问日期：2019 年 7 月 22 日。

新农村建设中的农村基层干部人才培养模式；推广高校教育尤其是社会工作专业教育在国家扶贫工作中的有效参与，提高社会工作专业在国家战略计划层面的参与度与影响力；进一步拓展并搭建社会工作专业人才培养校社合作的教学、实践、研究等方面的综合平台，打造并推广妇女基层干部人才培养模式的专业教育品牌。

专栏 4-10

“爷爷奶奶大讲堂”——走进方边村[①]

方边村耕地稀少，该村 81%的面积是山地，大多数的男性青壮年劳力常年在外务工谋生，他们的父母、妻子、孩子则成了“三留守”人群。为了响应党中央精准扶贫的号召，扎实做好扶贫工作，2018 年 5 月 17 日，安徽师范大学社会工作专业 6 名学生在指导教师的带领下，对安徽省安庆市岳西县方边村开展社会工作对口扶贫工作。

社会工作者深入访谈了 44 位“三留守”人员，他们发现方边村有大量留守儿童，这些留守儿童中，大部分是由爷爷奶奶抚养的。老人们大多只关心孩子的吃饭、穿衣等基本生活问题，对孩子的学习情况、人际交往、心理健康等较少关注或表示无能为力。而孩子们则抱怨爷爷奶奶思想落伍、不理解自己、日常唠叨等。如何才能拉近祖孙之间的情感联系，使爷爷奶奶培养正确的教育观念，并为隔代抚养的家庭增能，这些都成为社会工作者关注的焦

① 青翼社工网：《安徽师范大学 MSW 助力社工教育扶贫记事》，http://www.sowosky.com/news_details?channel_type=5&id=3564&uid=Y3pvME9pS1hsV0dZSWpzPQ%3D%3D.html，访问日期：2019 年 7 月 22 日。

点。经过讨论，专门针对祖孙共同参与的小组活动——“爷爷奶奶大讲堂”应运而生。社会工作者选取方边小学留守儿童及其隔代抚养人共10对祖孙作为“爷爷奶奶大讲堂”小组活动的服务对象，就“什么是正确的教育观”“良好生活习惯的养成”等问题引导组员展开讨论，社会工作者还运用社会学习理论、社会支持理论等为组员们制订专门的服务方案，并向组员们播放关于祖孙隔代教育的科普视频。

此次活动使得祖孙的生活发生了明显改变：孩子们不再抗拒学习，渐渐找到了学习的乐趣，也会同小伙伴们交流学习心得，学习生活中遇到不会的问题会请教老师和社会工作者；老人们遇到孩子教育问题也不再冲动，明白了暴力是解决不了问题的，开始和孩子们沟通，让孩子们认识到自己的错误。此次活动解开了老人与孩子的隔代心结，发掘了服务对象脱贫和发展的内生动力。“扶贫必扶智”，发展教育始终是打赢脱贫攻坚战的重点工作之一，社会工作专业力量的介入，是教育扶贫的新动力，给方边村的留守群体与贫困家庭带来了新的体会和认识。

专栏4-11

“造血式智力扶贫”①

四川外国语大学社会与法学院受重庆市民政局委托，以国家级贫困县——城口县为对口扶贫项目点，开展“三区”（边远贫困地区、边疆民族地

① 人民网—重庆频道：《四川外国语大学社会学系师生扎根城口开展“造血式智力扶贫”》，http://cq.people.com.cn/GB/371335/news/2018522/20185221630198903669.htm，访问日期：2018年6月23日。

区和革命老区)社会工作人才支持计划项目和扶贫项目。不同于传统的政府和企业扶贫,社会工作教育扶贫强调的是“扶贫先扶智”“扶贫重扶志”。四川外国语大学社会工作团队注重贫困群体的能力提升和建设,秉承助人自助、用生命影响生命等社会工作理念促进当地群众的思想转变,同时发掘他们的能力优势,培育贫困社区组织的内生动力,帮助他们实现自我脱贫。

在城口县,四川外国语大学社会工作团队采取个案工作、小组工作、社区工作三大工作方法,精准入户调查,收集贫困群众的需求,梳理汇总后反馈给政府部门,形成贫困户、社会工作、政府三方联动的扶贫合力和机制。此外,针对留守独居老人开设关注身心健康的“老人学堂”;将赋闲在家的妇女组织起来开办“妇女手编鞋”生计组织、妇女舞蹈队;为留守儿童开办“阳光课堂”、生命教育小组。通过这些贫困群体自建的内生化组织进行内生动力“孵化”,从最初的自我服务到最后实现自我管理、监督和运营。

从“精准个体帮扶”到“贫困群体互助”,从“培育社区自治组织”到“贫困社区增能”,从精神扶贫到基层党组织能力建设,从政策倡导到搭建沟通平台等,四川外国语大学社会工作教育扶贫在与其他扶贫渠道融合联动的基础上开展的“造血式智力扶贫”,拓展了整体扶贫机制和精准扶贫的内涵。

第四节　社会工作教育反贫困的经验与建议

社会工作教育参与脱贫攻坚计划以来,取得了一定的成绩,完成了动员、组织工作，搭建了工作组织体系，探索并积累了工作经验，同时也发现了项目实施中面临的挑战和存在的问题。马凤芝在会议主旨报告中强调，社会工作教育参与扶贫攻坚的重点是定位问题和认识问题，要明确社会工作教育参与脱贫攻坚做什么、怎么做，摒除畏难情绪。消除贫困是联合国全球可持续发展的首要目标，更是我国的重大战略之一。社会工作专业要服务国家重大战略，要发展和建构具有中国特色的社会工作理论和实务体系与框架。关于中国社会工作教育扶贫的下一步规划，马凤芝提出了三个方面的要求：要提升能力，全力服务脱贫攻坚；要凝练特色，打造社会工作专业品牌；要加强研究，以学术理论创新引领教育教学和实践实务的健康发展。

打赢脱贫攻坚战，全面建成小康社会，需要包括社会工作专业力量在内的社会各界的共同努力。“治贫先治愚，扶贫先扶智”。要想实现乡村振兴，稳定脱贫，首先要解决的便是开启村民之智，发挥他们的主观能动性，增强主动脱贫的意愿，培养自我造血的能力。社会工作关注人与外界环境的交互作用，以追求社会公正为目标，在预防、缓解、解决农村贫困问题方面具有专业的方法和技术。反贫困是社会工作的基本服务领域，也是社会工作的专业使命，因此作为稳定社会的安全阀的社会工作介入精准扶贫问题是大势所趋。

社会工作强调助人自助，以服务对象的需求为出发点，运用专业方法开展服务，以此助力脱贫攻坚。社会工作专业作为促进国家发展、维护社会和谐的重要力量，不仅能助力我国的精准扶贫事业，还可以推动中国社会的整体发展。社会工作专业人才作为新兴力量，能够为贫困群众提供心理疏导、精神关爱、关系调适、能力提升等社会服务，在帮助贫困群众转变思想观念、树立自我脱贫信心、拓宽致富路径、增强自我脱贫能力等方面发挥积极作用，为打赢脱贫攻坚战提供强有力的保障。社会工作专业院校参与脱贫攻坚的核心价值在于发挥其不可替代的专业优势，参与、支持和帮助贫困地区培养社会工作专业人才，突出社会工作教育在培养、培训社会工作人才方面的优势，以及在助力精准扶贫、激发内生动力、推进可持续发展等方面的独特作用。同时，高校社会工作专业能够充分链接国家体系和社会组织资源，与行政单位和社会组织之间有着密切的合作关系，既可以掌握实时的政策法规，也可以充分调动社会资源，促进社会组织等社会力量更好地参与社会建设。

专栏 4－12

王铮键在中国社会工作教育扶贫 2018 年年会暨精准扶贫与社会工作研讨会上的讲话

现阶段社会工作教育扶贫存在四个方面的特点：一是参与度高。此项目共调动 200 多所高校、3 000 多名师生、200 多名社会工作者和 1 600 多名志愿者参与教育对口扶贫。二是组织有力。此项目抽调在扶贫减贫方面经验丰富的社会工作专家学者组成精干队伍，承担社会工作教育对口扶贫项目的研究、管理等工作，提供了强有力的组织保障。三是产出多元。截至 2018 年年底，此项目共建立了 150 多家实习实训基地，社会工作教育对口扶贫服务示范项目正在稳步实施，高效完成了数据统计、简报编发等基础工作。四是影响广泛。通过一年多的项目实施，此项目不仅为贫困地区培养了一批基层工作骨干，普及推广了社会工作理念、知识和方法，还为儿童、老年人、残疾人、妇女等多个群体提供了专业服务，为贫困对象构建起社会支持网络。

当前，脱贫攻坚已进入冲刺阶段。社会工作教育对口扶贫计划也被纳入《中共中央 国务院关于打赢脱贫攻坚战三年行动的指导意见》中，成为不折不扣的政治任务。为了高质量推进社会工作教育对口扶贫计划，我们需要做好三点建议。

第一，社会工作教育对口扶贫计划要保证完成规定动作。社会工作实习实训基地是惠及贫困地区社会工作师生的重点工程，基地建设是打通社会工作教育和服务实践的连接点，也是社会工作专业人才发挥作用的平台。

第二，社会工作教育对口扶贫要力争扶出优势、扶出特色。社会工作教育扶贫作为一项功能性扶贫，不同于传统的给资源、给项目、给人才的扶贫方式，最重要的是能立足社会工作的专业优势，发挥在"扶志""扶智"方面的功能。目前看来，扶贫工作的难点不在"钱"，越是贫困的地区，国家扶贫资金投入越多，许多贫困县都反映"不差钱""钱不是问题"，问题和难点就在"扶志"和"扶智"上，在解决这两个"短板"方面恰恰能发挥社会工作的长处。

第三，社会工作教育对口扶贫要做实做细基础工作。社会工作教育对口扶贫计划已经实施一年，还有不到两年的时间，接下来的时间里，我们更要争分夺秒，因为参与社会工作教育对口扶贫的师生们都是志愿加入的，在参与项目的同时，还有本职工作或承担其他的研究任务等，因而他们非常繁忙。我们在实施扶贫服务的过程中，要注意做好宣传造势、健全台账等基础工作，不仅为项目建档留痕，也可以为以后开展其他的项目提供第一手的宝贵资料。社会工作教育对口扶贫不仅仅是扶贫，这个项目本身的实施、管理、产出等，也是很好的研究素材，非常值得我们进行深入研究。因此，社会工作教育对口扶贫会为社会力量参与国家重大战略提供介入模式和策略。

在党和国家的大力扶持下，社会工作参与脱贫攻坚有了制度性的认可和实践性的初步探索，但是作为一项长期而艰巨的任务，社会工作仍需不断探索、结合各地具体情况制订实施细则，并在实践中总结经验，探索创新，不断丰富社会工作专业力量参与脱贫攻坚的理论和实践。

第五章　社会工作教育反贫困的强化——北京会议

2018 年 12 月 1 日至 2 日，“2018 年全国社会工作专业学位研究生教育指导委员会暨 MSW 教育中心主任联席会”在北京召开。此次会议的目的是进一步落实党的十九大关于“实现高等教育内涵式发展”的战略部署，学习和落实习近平总书记在全国教育大会上的讲话精神，推动我国社会工作专业学位研究生教育稳步健康发展。来自全国社会工作专业学位研究生教育指导委员会委员、全国各授权单位 MSW 教育中心主任或相关负责人，以及部分社会工作专业教师等近 200 人参会。此次会议，是对社会工作教育参与反贫困的再动员、再布置。

第一节　社会工作教育反贫困年度总结

北京大学王思斌教授主持会议。全国社会工作专业学位研究生教育指导委员会秘书长谢立中教授报告了 2018 年全国社会工作专业学位研究生教育指导委员会的工作，总结回顾了社会工作教育参与反贫困的情况(见图 5－1、图 5－2)。

图 5－1　全国社会工作专业学位研究生教育指导委员会暨MSW 教育中心主任联席嘉宾讲话

图 5－2　全国社会工作专业学位研究生教育指导委员会暨MSW 教育中心主任联席会嘉宾合影

专栏5－1

谢立中：全国社会工作专业学位研究生教育指导委员会2018年工作总结

一、举办中国社会工作教育参与脱贫攻坚第二次动员大会暨教育扶贫工作会议

为学习贯彻党的十九大会议精神，落实《民政部 财政部 国务院扶贫办关于支持社会工作专业力量参与脱贫攻坚的指导意见》精神，全国社会工作专业学位研究生教育指导委员会联合中国社会工作教育协会于2018年4月14日至15日在广西桂林召开了中国社会工作教育参与脱贫攻坚第二次动员大会暨教育扶贫工作会议。会议由广西师范大学法学院、政治与公共管理学院承办。

中国社会工作教育协会副会长兼秘书长马凤芝代表中国社会工作教育协会介绍了新时代背景下社会工作教育参与脱贫攻坚工作与任务部署情况。马凤芝教授介绍了社会工作教育参与脱贫攻坚任务的背景，报告了协会和全国MSW教指委响应和行动的情况，阐述了社会工作教育参与脱贫攻坚的核心任务、总体目标。

经过自主申报，会议促成了安徽大学、广西大学、上海大学、中央民族大学等90所社会工作院校与贫困地区和贫困县建立了对口扶贫关系。

为了提高社会工作教育参与脱贫攻坚的认识和实施能力，会议还举办了社会工作教育扶贫研讨会和培训会。会议邀请华中科技大学向德平教授、西华大学钱宁教授、中国社会科学院陈涛教授、西南财经大学何青博士、

河海大学施国庆教授、中国社会科学院杨团研究员等围绕社会工作与扶贫及贫困地区的发展等进行了培训。武汉大学、华东理工大学、河海大学、广西师范大学等20家单位还介绍了社会工作教育参与反贫困的方案、经验和模式等。

二、组织召开2018年全国社会工作专业学位研究生教育指导委员会暨MSW中心负责人联席会议

全国社会工作专业学位研究生教育指导委员会于2018年12月1日至2日在北京市组织召开了“2018年全国社会工作专业学位研究生教育指导委员会暨MSW教育中心主任联席会议”。此次会议由全国社会工作专业学位研究生教育指导委员会主办，中国社会工作教育协会协办。

三、编辑发行《中国MSW教育通讯》

为更好地促进全国各MSW授权点之间的信息沟通和联系，从2016年11月份起，全国社会工作专业学位研究生教育指导委员会开始编辑出版《中国MSW教育通讯》，作为内部工作杂志，每两个月出版一期，以电子版的方式发给各高校并上报国务院学位办。该刊栏目包括教育新闻，讲座分享，教学研讨（含实践教学研讨、案例教学研讨、课题教学研讨、课程研讨等），师生实习体会，优秀毕业论文展示，优秀案例展示，理论探讨，国外MSW教育动态，探索与争鸣，简讯，等等。2018年全年共编辑6期，对于促进各授权点之间的信息交流发挥了积极的作用。

此次会议总结了社会工作教育参与脱贫攻坚的经验，明确了社会工作教育参与脱贫攻坚的途径，坚定了社会工作教育界参与脱贫攻坚并取得优秀成果的信心。

第二节　社会工作教育反贫困的阶段性成果

中国社会工作教育协会副会长向德平教授介绍了中国社会工作教育协会组织高校社会工作专业力量参与脱贫攻坚的基本情况，汇报了中国社会工作教育参与脱贫攻坚的基本过程和主要效果。

为了准确反映高校参与脱贫攻坚的基本情况，总结高校社会工作参与反贫困的经验，中国社会工作教育协会反贫困社会工作专业委员会对202所高校2018年参与脱贫攻坚的情况进行调查统计。向德平教授围绕高校社会工作教育反贫困的总体情况、实施人员、服务对象、服务内容、服务方式、资源投入、项目成效、学术及政策产出等方面进行了汇报与展示。

专栏5-2

高校社会工作专业2018年参与脱贫攻坚的调查报告

一、总体情况

中国社会工作教育协会召开两次教育扶贫动员大会，前后共有202所高校参与社会工作教育对口扶贫计划。在2018年的调查中，提交统计表的高校共有141所，已经开展扶贫工作的高校有133所，已完成前期项目调研或已经出台扶贫计划、即将开展扶贫工作的高校有8所。在202所高校中，有133所高校开展了扶贫工作，占比为65.8%；尚未开展扶贫工作的高校有23所，占比为11.4%。其中，尚未开展扶贫工作的高校的原因主要包括参与对口扶贫项目时间较短，资金、人员支持不足等（见图5－3）。

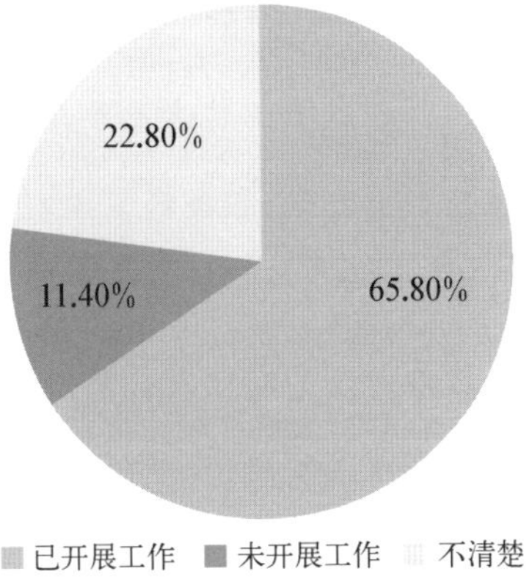

图5－3　高校社会工作专业参与脱贫攻坚情况占比分布图

二、实施人员

全国高校共有3 041名教师和学生、237名社会工作者、1 611名志愿者参与社会工作教育对口扶贫行动。高校教师是高校助力脱贫攻坚的主要参与者，91.7%的高校有教师参与扶贫行动；78.2%的高校有学生参与扶贫行动；31.6%的高校有社会工作者参与扶贫行动；37%的高校有志愿者参与扶贫行动（见图5－4）。

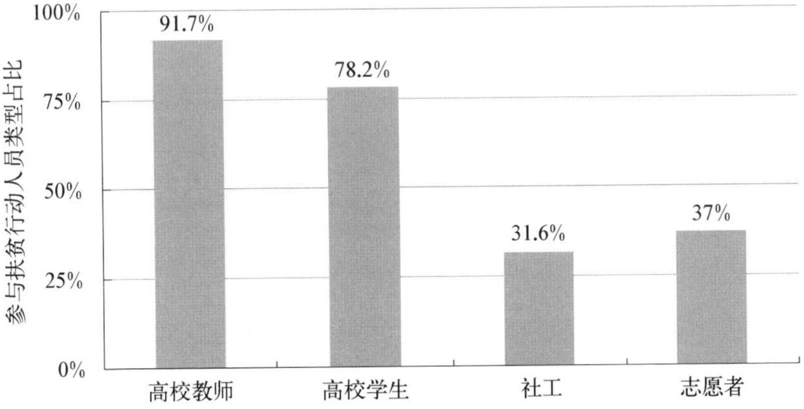

图5－4　高校参与社会工作脱贫攻坚的实施人员类型统计

三、服务对象

高校社会工作专业参与脱贫攻坚的服务对象主要为贫困地区的弱势群体及社会组织，服务的总人数为 239 145 人。其中，51.9%的服务对象为儿童和青少年，23.3%的服务对象为老年人，13.5%的服务对象为妇女，2.3%的服务对象为残疾人，32.3%的服务对象为贫困户，6.7%的高校致力于扶持和培育社会组织(见图 5－5)。

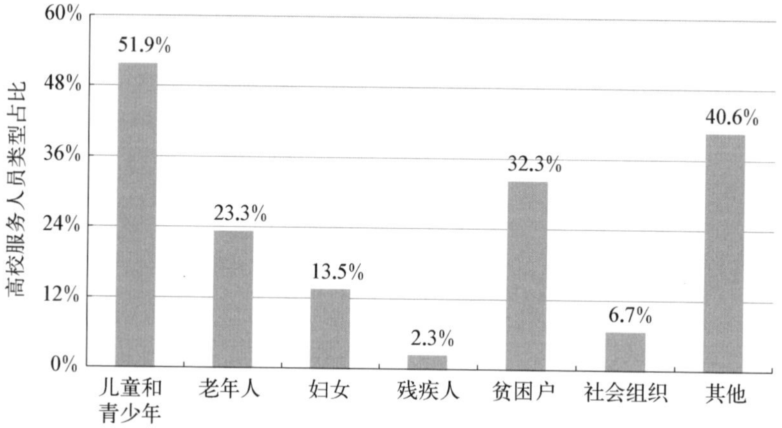

图 5－5　高校参与社会工作脱贫攻坚的服务对象统计

四、服务内容

高校社会工作参与脱贫攻坚的服务内容，就是在贫困地区党委和政府领导下，坚持精准扶贫，紧紧围绕“五个一批”，根据贫困人口的不同需求提供专业服务。此外，高校针对其他服务对象开展了有关活动，例如提升扶贫干部及村委等基层干部的脱贫能力，培训村民就业技能等。中国社会工作教育协会组织召开了两次教育扶贫动员大会，组织动员 202 所高校对口扶贫 120 个国家级贫困县，启动了“社会工作教育对口扶贫服务示范项目”，开展了教育对口扶贫和社会工作专业服务。

五、服务方式

79所高校采用个案工作方法，占比为59.3%；80所高校采用小组工作方法，占比为60.2%；94所高校采用社区工作方法，占比为70.7%。各高校共开展31 740次社会工作服务（见图5-6）。多样性的方法有助于高校社会工作提供精准服务，保证服务目标实现的可靠性和科学性。

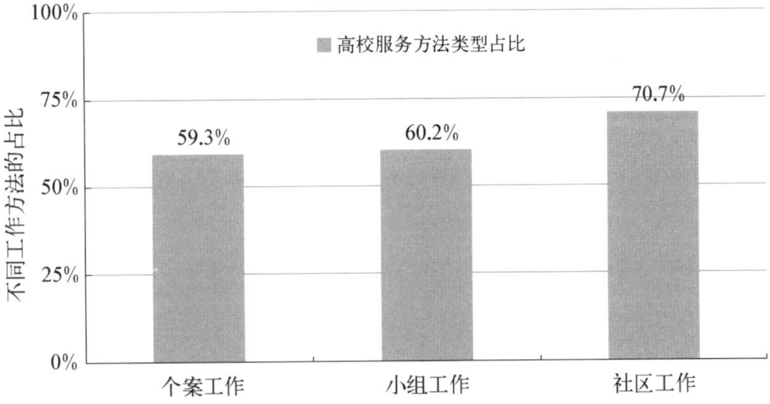

图5-6　高校参与社会工作脱贫攻坚的服务方式统计

六、资源投入

在此次高校参与社会工作教育对口扶贫计划，共投入人员4 978人、经费8 470.83万元。有70.7%的高校进行了资源链接，资源主要来自其他高校、政府、企业和社会力量，其中有29.3%的高校获得了其他高校资源的支持，有27.8%的高校获得了政府资源的支持，有15.8%的高校获得了企业资源的支持，有39.8%的高校获得了社会资源的支持（见图5-7）。中国社会工作教育协会积极链接有关资源，如实施益宝计划，为200所参与扶贫的高校师生免费提供6 000元/人的一年期意外保险；联系腾讯公益和宁波市善园基金会，为由长春理工大学具体执行的“善社筑梦困境儿童”项目配捐11万元。

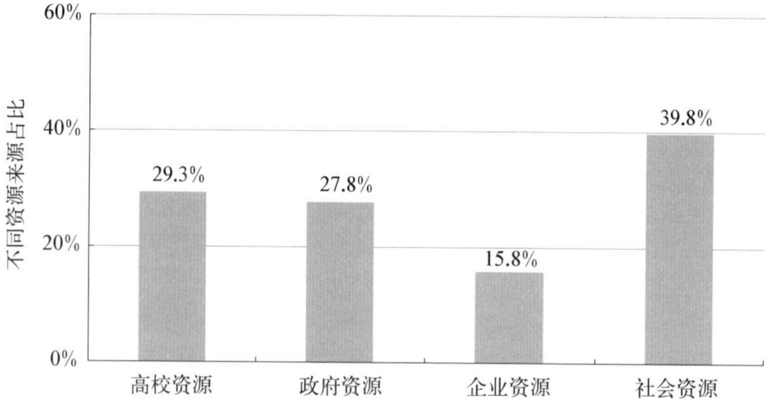

图5-7　高校参与社会工作脱贫攻坚的资源链接情况统计

七、项目成效

（一）贫困状况变化

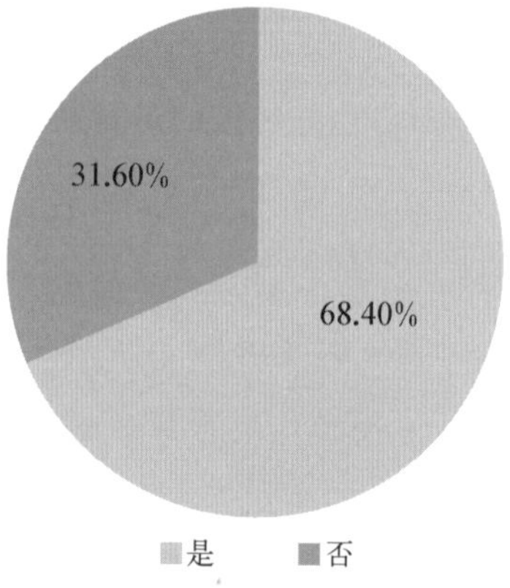

图5-8　贫困状况变化情况

经脱贫攻坚的效果方面，专家认为对口实施项目点贫困状况发生了变化的有91所，占68.4%；认为贫困状况没有发生显著变化的有42所，占31.6%（见图5-8）。其中，帮扶地贫困状况没有发生显著变化的主要原因是项目活动正在进行中、项目活动实施时间较短难以评估等。

（二）贫困对象的变化

关于贫困对象的变化，我们主要从心理与行为、能力和社会支持三个方面来衡量：第一，贫困对象心理与行为的变化主要表现为，贫困对象开始形成正确的自我认知，增强了改变现状、脱贫致富的决心和信心；第二，贫困对象能力的变化主要表现为，提高贫困对象社会交往能力和家庭互助能力，提升贫困对象技能及生计发展能力，主动链接社会资源的能力；第三，贫困对象社会支持的变化主要表现在，留守儿童之家为留守儿童提供情感支持。贫困对象变化的评估指标强调社区、邻里、亲友、同辈之间的互帮互助，增强贫困户的非正式支持系统；链接政府、社会组织、高校、企业等各类资源，扩大贫困对象的社会支持网络。

（三）当地社工力量的培育

各高校重视社会组织能力建设，培育当地社工的力量。如在当地建立社会工作协会，促进当地社区和社会活动的顺利开展；吸引当地社工学生回流，解决当地师资匮乏问题；指导和培训当地中小学教师，培养当地的学校社工；协同当地干部与社工院校交流和分享经验；整合当地政府与当地高校资源，探索“政府＋高校＋社工机构”参与脱贫服务的合作模式。

（四）实习实训基地建设

高校发挥自身专业力量在贫困地区建立实习实训基地共151个，包括社会工作教育对口扶贫基地、精准扶贫校地合作实践站点等。高校依托实习实训基地，在专业人才培养、社会组织培育与发展、贫困社区治理、社区建设与发展等方面开展实务及研究。

八、学术及政策产出

高校在参与脱贫攻坚工作的过程中产出了一系列学术及政策成果。有57所高校有学术及政策成果的产出，占全部参与脱贫攻坚高校的42.9%。有关学术及政策产出以报告、课题、论文、专著、政策文件为主，其中报告156

份，课题12项，已发表期刊论文63篇，政策文件8份，专著3本，另有多篇待发表的学术论文（见表5-1）。山西医科大学李建霞基于关爱留守儿童教育扶贫项目的成果最终与山西省民政厅合作编写了《中部欠发展地区加强基层民政工作新路径：机制创新与复合治理》，荣获2018年全国民政政策理论研究一等奖；江西财经大学蒋国河受国务院扶贫办委托撰写的调研报告《井冈山脱贫摘帽模式研究》，被国务院扶贫办列为“国家扶贫日”系列论坛背景报告。

表5-1　学术及政策产出情况统计

序号	类　别	数　量	百分比
1	论文	63	26%
2	报告	156	64%
3	课题	12	5%
4	专著	3	1%
5	政策文件	8	4%
6	合计	242	100%

向德平教授代表中国社会工作教育协会总结了社会工作教育参与反贫困的经验，提出了下一阶段工作的重点。

专栏5-3

社会工作教育参与脱贫攻坚计划

一、经验总结

在全国社会工作专业学位研究生教育指导委员会、中国社会工作教育协会及反贫困社会工作专业委员会的统筹、协调和指导下，各有关高校积极开展扶贫工作，形成了不少富有特色的扶贫模式，取得了一定的扶贫成效。

（一）建立实习实践教学基地

例如，华东理工大学社会与公共管理学院与云南寻甸县人民政府签订框架合作协议，建立华东理工大学社会与公共管理学院社会建设与乡村振兴研究基地和实践基地。从2018年7月开始，面向儿童、老年人、残疾人、妇女等群体开展专业服务，通过参与式发展工作坊等方式，引导村民改善生活习惯，营造良好的村庄环境、村容村貌，并开发社区发展干预项目，巩固脱贫工作成果。

（二）培养基层工作骨干能力

部分高校开设培训课程，提升当地基层干部扶贫的工作能力。例如，中华女子学院与赤峰市妇联合作，在其对口实施点——内蒙古自治区赤峰市敖汉10个乡村——实施社会工作专业教育扶贫试点项目，面向基层干部开展培训，加强干部与工作人员扶贫工作能力建设，同时开发有关课程。对有关工作骨干和教育骨干开展社会工作专业培训，培养社会工作专业教育师资，促进当地社会工作专业教育的发展。

（三）增强贫困对象发展能力

各高校注重培养贫困对象发展能力。例如，四川外国语大学在其对口实施点——重庆城口县河鱼乡和鸡鸣乡——开展扶贫项目，深入挖掘贫困群体的需求，提升贫困群体的内生动力。四川外国语大学主要以地区发展模式为主开展活动，如筹建留守儿童辅导课堂，组建农村互助文化组织、社区志愿服务组织，发展农村生计项目等，为贫困户提供专业服务。项目组发动社区居民主动参与服务，提高参与公共事务的能力，增强贫困对象自主脱贫意识，促进他们自我发展，实现了贫困户从“要我脱贫”到“我要脱贫”的转变。

（四）构建贫困对象社会支持网络

有关高校注重帮助贫困对象构建社会支持网络。例如，中国社会科学院社会政法学部硕士教育中心关注留守儿童成长教育问题，在其对口实施点——湖南省湘西州凤凰县千工坪镇九年制学校——开展暑期支教活动，通过一系列社会工作专业服务，帮助留守儿童获得了家庭系统的支持，鼓励家长全面了解学生的问题与优势，关心孩子的教育和成长问题；采用小组活动的方式，形成互助学习小组，学生们获得了同辈群体的支持，也获得了学校系统的支持，学校和教师教育方式得以改进；为贫困对象提供实物支持，改善学校硬件设施条件，同时提供心理和情感支持，使学生们获得了社会系统的支持。值得欣慰的是，项目组成员共同努力，在各个方面的积极配合下，为留守儿童构建了家庭系统、同辈群体、学校系统和社会系统的支持网络，促进了留守儿童的身心健康发展。

二、计划与展望

（一）发挥社会工作专业力量

高校社会工作专业力量参与脱贫攻坚，重在发挥专业优势，要坚持社会工作助人自助的专业价值理念，将贫困对象看作有自我发展能力和优势的个体，发挥其潜能，增强其自我发展能力，实现助人自助；重视调研与评估，依据评估结果制订合适的服务方案；运用专业的工作手法和技巧开展服务，灵活运用个案、小组和社区工作等专业方法，辅以个案辅导、咨询、培训等多样化的介入技巧，为贫困人口提供专业服务。

（二）链接各方扶贫资源

社会工作强调多元主体共同参与的价值观念，注重链接各种资源，推动跨界合作。高校社会工作专业力量参与脱贫攻坚，要注重链接当地资源，主动争取当地政府的支持，积极与社会组织开展合作，整合多方资源，推动形成政府、高校、社会组织、贫困对象参与的多元贫困治理格局，为贫困地区提供多方位的支持，真正促进贫困人口的脱贫发展。

（三）注重能力的培养与提升

在高校社会工作参与脱贫攻坚工作中，要运用社会工作专业价值、专业理念、专业方法、专业手段，注重扶贫与“扶志”“扶智”相结合，重视贫困对象的能力建设与培养，为贫困对象提供有针对性的服务与帮助，开发其潜在能力，增强其自我发展能力，真正帮助他们缓解贫困、走出贫困、走向致富之路。同时，高校社会工作专业力量要注重向贫困地区提供智力与资源支持，加强贫困地区社会工作师资培训，提高基层干部扶贫工作能力。

第三节　社会工作教育反贫困经验交流

为了提高社会工作教育参与反贫困的能力，会议举办了社会工作教育扶贫研讨会和培训。邀请有关领导和学者进行了专题培训，20 家单位介绍了社会工作教育参与扶贫研究与实务的经验。

社会资本、能力建设和社会包容是社会工作介入扶贫与以往企业或其他社会组织介入扶贫开发的不同之处。中国社会科学院陈涛教授分析了社会工作在扶贫开发中的重要角色。

专栏5-4

陈涛：社会工作介入扶贫工作的角色与路径

社会工作在扶贫中的角色和作用是随着实践的发展而发展的。最新的实践表明，社会工作在扶贫开发中的重要角色应该有三种：一是社会资本的构建者，即协助贫困人群和社区培育，建立或激活以相互信任、互助合作为内核的社会关系，以及在此基础上促使贫困人群产生共同的行动力；二是能力建设者，即提供知识、技能和相应资源，使贫困者能够参与改善自身经济社会处境的活动，包括建立他们为行动所必需的文化及身份认同上的自信；三是克服社会排斥、促进社会包容的协作者，即通过增权、倡导或协调等支持贫困人群摆脱“污名化”的影响，使他们获得更多的参与机会和途径，消除或减少来自社会环境对他们发展的障碍。社会工作是一种从当地贫困人群和社区的主体性出发，注重他们的参与和共享，高度重视组织化的社会过程，同时追求经济、社会、文化、生态等目标的综合介入，确保达到更好的、可持续性的效果。

在当前国家的脱贫攻坚战略中，社会工作介入扶贫工作的具体路径和方式主要有三种：(1) 在政府主导的救助式扶贫中，社会工作参与有关救助政策措施的执行与落实；(2) 在以村、社区为单位的扶贫开发中，政府可以单独购买社会工作机构的服务，明确任务目标，由社会工作机构负责对某村或社区独立设计和实施扶贫开发项目；(3) 社会工作机构可以作为社会组织与企业和基层政府合作，采取“乡(村)—企—社”合作的模式介入。

华中科技大学向德平教授指出，精准扶贫与专业社会工作者有着内在契合性，社会工作的实践、专业和制度三维特性，可以作用于精准扶贫中最为关键的三个环节，即如何准确识别贫困人口、怎样动员社会力量对贫困人口进行帮扶、采取何种手段使贫困人口有效脱贫。

专栏 5-5

向德平、高飞：专业社会工作参与精准扶贫的可能性与可及性

作为一门关注弱势群体、化解社会矛盾、专业助人的学科，社会工作理应关注贫困遭遇者的生活境遇，为我国的反贫困事业做出应有的贡献。

精准扶贫中最为关键的三个环节在于如何准确识别贫困人口、怎样动员社会力量对贫困人口进行帮扶、采取何种手段使贫困人口有效脱贫。社会工作的实践、专业和制度三维特性，可以从这三个方面发挥作用。社会工作专业优势可以为“扶持谁”提供参考，社会工作资源动员优势可以为“谁来扶”提供支持，社会工作视角优势可以为“怎么扶”提供方法。

社会工作在精准扶贫中大有作为，与此同时，精准扶贫也对社会工作提出了新的要求：一是将农村社会工作置于社会工作的中心；二是发展农村社会工作队伍；三是重视农村社会工作服务中心的建设。

社会工作以人为本的工作理念契合了精准扶贫的“靶向”识别，两者均以脆弱群体的需求为导向，重视对脆弱群体真实生存状态的了解，以解决脆弱群体最关心、最直接、最现实的问题为切入点。从过程来看，社会工作除了重视对脆弱群体的经济救助之外，更强调开发其自身潜力，对其进行教

育，重视能力建设，通过增加脆弱群体的知识和技能、提高个人能力，以帮助他们获得更好的发展。精准扶贫同样重视脆弱群体的能力提升，通过教育、培训、产业发展等多种手段培育脆弱群体的社会资本，加强社会关系网络和社会支持体系建设。从社会参与上来讲，社会工作和精准扶贫均倡导社会参与。贫困治理不是政府或者脆弱群体单方面的事情，而是全社会共同面临的问题，只有当政府、社会工作者及其社会广大力量携起手来积极行动，才能取得反贫困这场战役的最终胜利。

华南理工大学社会学院教授解丽霞指出，易地搬迁村民的社会融入、就地改造农村社区、部分村贫困户比例较高、如何在本轮脱贫之后避免返贫等问题，是社会工作介入扶贫工作需要关注的重要方面。

专栏5-6

解丽霞：社会工作专业对口扶贫工作拉开序幕
——华东理工大学教师赴云南寻甸调研

为了积极响应党中央、国务院的号召，充分发挥社会工作的专业优势，2017年12月17日至19日，华东理工大学社会与公共管理学院社会工作与社会政策研究院院长徐永祥教授带队，学院副院长陈丰教授、MSW教育中心主任费梅苹教授、社会工作系副主任黄锐副教授、社会工作系教师徐选国博士一行5人赴华东理工大学对口帮扶的云南省寻甸回族彝族自治县开展了为期3天的调研工作。调研期间，调研组成员走访了多个整体易地搬迁农村社区、就地改造农村社区，以及街道下属居委会社区和部分小学。调研发现，就不适宜居住和生产生活的高寒地农民进行的整体易地搬迁工作而言，目前基本上完成了政府统筹建房、统一安置的工作，农民正在搬迁过程中。易地搬迁村民的融入（新的邻里社区关系）、农民上楼（住新楼）、生活习惯适应等方面的问题为社会工作留下了重要的服务空间。社会工作介入扶贫工作可以从重点解决就地改造农村社区、部分村贫困户比例较高、如何在本轮脱贫之后避免返贫等方面入手。

调研组与寻甸回族彝族自治县政府办、扶贫办等有关职能部门领导进行深度座谈，围绕近年来寻甸脱贫扶贫情况及各领域在社会建设、社会服务与社会治理方面的诉求，明确了华东理工大学社会工作系与寻甸回族彝族自治县结对帮扶的主要内容，并与当地县委、县政府等主要领导初步确定了社会工作参与寻甸县社会建设的时间轴。

江西财经大学人文学院教授尹忠海指出，在扶贫服务中，"扶贫先扶志""扶贫必扶智"是扶贫的重点，当下的这一代要扶，更要扶起下一代。新建立的"阳光儿童之家"是江西财经大学进行社会工作扶贫服务介入的关键场所。

专栏 5－7

尹忠海：阳光儿童之家——江西财经大学人文学院赴江西省上饶市横峰县扶贫

习近平总书记提出了"扶贫先扶志""扶贫必扶智"的扶贫方略，当下扶贫工作既要扶起这一代人，更要扶起他们的下一代，让贫穷不跨代！

为积极响应社会工作专业力量参与脱贫攻坚工作的号召，江西财经大学社会工作专业的实习生在调研的基础上，充分掌握了江西省上饶市横峰县重点扶贫乡镇司铺乡的贫困态势。

2017年6月1日，该专业的实习生们在横峰县开展了“阳光儿童之家”的选址工作，通过多次召开座谈会进行论证，最后确定在司铺乡司铺村官塘小学打造横峰县首个“阳光儿童之家”。2017年9月，由县民政局出资，在江西财经大学社会工作专业实习生的帮助下，官塘小学“阳光儿童之家”专业社会工作服务站建设完成。实习生们依托该专业社会工作服务站开展个案咨询工作，了解和评估服务对象的需求。在此基础上，他们运用小组工作方法，定期定点地开展形式多样的专业服务，让在该校就读的贫困户孩子得到了更多的关注，让乡村小学也有了如计算机基础知识、手工制作、瑜伽、舞蹈等丰富多彩的课外学习活动，孩子们的心智由此得到了更好、更全面的发展。与此同时，根据108名学生的心愿，江西财经大学社会工作专业实习生在做足做细需求评估工作的基础上，采购了文具袋、尺子、自动铅笔、圆珠笔、练习本、笔记本及修正带等孩子们喜爱的“心愿圣诞节学习用品”，社会工作者将这些学习用品发放给学生，受到了学生和家长们的一致好评。

为了改善对口学校的教学环境、促进孩子们的健康成长，江西财经大学社会工作专业实习生积极为服务的学校链接外部资源，申请了北京感恩公益基金会“一校一梦想”公益项目，由北京感恩基金会为官塘小学的每位师生捐赠了一件冬衣。

第四节　社会工作教育反贫困的展望

会上，国务院学位委员会办公室副主任、教育部学位管理与研究生教育司司长洪大用教授总结了全国 MSW 教育及社会工作参与反贫困的经验。他指出，社会工作要在新时代背景下更好地助推人们美好生活的实现。他从社会工作教师专业能力建设、注重 MSW 专业人才培养的"实践育人"导向等方面强调了社会工作教育参与反贫困的重要作用，提出要进一步加强对社会工作本土化问题的研究，重视社会价值引领，强化文化自信及制度认同，助力脱贫攻坚，服务社会建设，为实现社会治理体系和治理能力的现代化做出更大贡献(见图 5－9)。

图 5－9　洪大用教授在会议上发言

第六章　社会工作教育反贫困交流——呼和浩特会议

中国社会工作教育协会反贫困社会工作专业委员会2019年年会暨第二届社会工作教育参与脱贫攻坚学术研讨会于2019年9月在内蒙古工业大学召开。此次会议由中国社会工作教育协会反贫困社会工作专业委员会主办，内蒙古工业大学承办，现代公益组织研究与评估中心（粤沪浙）、上海积途信息科技有限公司、美亚联创（北京）科技有限公司协办，出席会议的高校、单位有62家，共有140余人参加了会议（见图6-1）。

此次会议由北京大学社会学系教授、中国社会工作教育协会秘书长马凤芝主持，内蒙古工业大学副校长峻峰教授在致辞中介绍了内蒙古工业大学社会工作教育扶贫的现状，内蒙古自治区扶贫办副主任赵辉在致辞中介绍了内蒙古脱贫攻坚的现状和任务，中国社会工作教育协会常务副会长关信平教授在致辞中强调了社会工作教育扶贫在脱贫攻坚后期的重要性。之后，峻峰和向德平共同为内蒙古工业大学MSW教育中心揭牌，赵辉和内蒙古工业大学人文学院党总支书记马利强一起为内蒙古工业大学乡村振兴中心揭牌。此次学

图 6-1　与会代表合影

术研讨会分为主旨报告、主题报告和分论坛三个部分，各地反贫困研究专家和学者就社会工作教育反贫困实践进行了深度的理论分享与学术探讨。

第一节　社会工作教育反贫困的理论探讨

2019 年是决胜脱贫攻坚战的关键时期，也是社会工作教育反贫困实践的深化和提炼阶段。自 2017 年 12 月 1 日中国社会工作教育扶贫第一次动员大会暨教育扶贫工作会议在成都召开并启动“社会工作教育对口扶贫计划”以来，中国社会工作教育协会和全国社会工作专业学位研究生教育指导委员会通过系列会议，动员、部署和落实社会工作教育扶贫工作，鼓励社会工作专业师生充分利用专业知识助力精准扶贫，取得了显著成效。社会工作教育反贫困的队伍逐渐壮大，反贫困实践经验日益丰富，反贫困实践的模式日趋健全。随着社会工作教育反贫困实践不断深化，对该领域的理论研究也逐步丰富。为推动社会工作反贫困教育与服务相结合，促使理论与实践双推进，会议通过学术研讨的方式，从实践经验出发，提炼和概括社会工作教育实践中的有效经验和特色做法，扩展和完善了社会工作教育反贫困的理论内容，从而加强了社会工作教育反贫困实践的理论基础，提升了社会工作教育反贫困的科学性和系统性，进一步发挥了理论对实践的指导作用。

社会工作的参与是贫困治理“软实力”的重要体现。社会工作强调社会投资、社区为本、权利为本、参与和自决、社会正义，通过提高贫困者的发展能力、促进贫困者的社会融入等多种途径和方式来增强贫困治理的有效性。因此，社会工作者要注重运用社会工作专业方法，为贫困者提供具有针对性的物质帮扶、心理辅导、能力建设等综合服务。在本次会议特邀主旨报告中，关信平、马凤芝和向德平三位教授分别从我国贫困治理的特征和发展变化出发，分析了社会工作教育参与贫困治理的必要性和科学性，并指出社会工作教育参与贫困治理的目标、途径和要求，明确了未来社会工作教育参与反贫困实践发展的重点。

专栏 6-1

社会工作与贫困治理

一、关信平：社会工作在我国贫困治理中的目标、任务和要求

南开大学关信平教授认为，当前我国脱贫攻坚取得了历史性的成就，消

除了生存型贫困，并为下一步持续性反贫困行动打下了坚实的基础。社会工作教育参与贫困治理是综合性贫困治理重要社会基础的建构者，也是贫困治理“软实力”的重要体现。社会工作教育参与贫困治理的总体目标是从能力建设的角度保障和促进贫困治理的有效性。其具体目标是：提高贫困者的发展能力，提升贫困者的发展动机，促进贫困者的社会融入，营造贫困者的社会支持环境，阻断贫困的代际传递，激活贫困社区。

社会工作教育参与贫困治理的主要任务分为直接服务和间接服务。直接服务包括面向个人、家庭与社区的服务，间接服务主要是参与管理和政策研究。我们对参与贫困治理的社会工作者的基本要求包括六个方面：一是具备扎实的专业基础理论和实务能力；二是了解贫困问题，包括了解当代世界的贫困问题、中国的贫困问题及其变化、当地的贫困问题及其特点；三是熟悉贫困者，准确定位贫困者，了解贫困者的经济、社会、文化和心理特征，熟悉与贫困者交往的技巧；四是熟悉贫困治理的法规与政策体系，能够利用有关政策帮助贫困者（个人、家庭与社区等），具备社会政策分析能力，能够进行社会政策研究和政策倡导；五是具备参与贫困治理项目经办管理的能力，包括贫困识别能力（贫困标准与具体识别方法）、贫困者管理能力（服务与管理结合的规则、方法与技巧）和贫困治理机构的管理能力；六是具备开展贫困问题、有关社会工作和社会政策研究的能力。

二、马凤芝：社会工作与脱贫攻坚——何为，为何，如何？

北京大学马凤芝教授指出，发展性社会工作应作为社会工作参与贫困治理实践的取向。社会工作教育参与贫困治理应注重以下五个方面：

一是重视能力为本的发展观。社会工作能力建设取向的贫困治理有三个方面的贡献：其一，社会工作者可以协助动员用于社会发展的人力资源；其二，社会工作者可以促进能为经济发展做出贡献的社会资本的形成；其三，社会工作者可以帮助低收入和有特殊需要的案主参与生产性就业和发展性社会工作。

二是重视社会参与。社会工作者要创造出能够发掘贫困者自身潜力的机会与条件，高度重视服务对象的参与感和能力的提高。"参与"概念的提出，与发展理论中对主体发展的强调以及增能理论中对贫困者权利的重视是密不可分的。促进贫困者社会参与的理念体现了助人自助和"能力提升与促进发展"的价值观。

三是重视优势视角。优势视角将贫困者作为行动的主体——他们是解决问题过程中的合作者和积极主动的行动者。优势视角不再单纯地看到贫困者的问题与困难，而是强调贫困者具有生活智慧和日常实践知识，他们有各种机会、潜能、抗逆力和解决问题的能力，他们不但能够克服困难，而且能够在服务社会中做出贡献，在参与中获得发展。

四是重视增能。传统救助性贫困治理基本上是基于慈善和人道主义思想，"更多地考虑政治、经济和道德的因素"，在救助的同时，也附带一些条件，贫困受助者常常感受到负面的耻辱和丧失自尊。增能理论的价值取向在于：引导个人、家庭、社群和社区采取乐观的态度，积极参与决策和通过行动来改变自己的不利处境，增加自己的权力，增强自己的能力。增能可被看作社会工作挖掘贫困者潜能的一个发展过程，是扶志的重要方式。

五是重视整合性"社会—心理"干预和支持。贫困治理不仅需要物质救助以保障贫困群体的生活，也需要社会心理支持以使其拥有健康的身心，更需要就他们的发展性议题进行帮扶。整体性社会—心理干预与支持不只专注研究贫困对贫困者身心健康的影响，还考虑社会生活本身，即他们作为社会成员的权利与义务，在帮扶中实现发展，在发展中解决问题。

三、向德平：改革开放四十年中国贫困治理的历程、经验与前瞻

向德平教授提出，贫困治理具有以下特征：贫困治理的主体是政府、市场、社会等多元主体；贫困治理的过程是多主体的协商与合作；贫困治理的方式呈现出需求导向和多样化的特点；贫困治理的目标是实现减贫效益的最大化。

中国的贫困治理经历了从"政府包揽"到"多元共治"，从"救济式扶贫"到"开发式扶贫"，从"物质帮扶"到"扶志""扶智"，从"区域瞄准"到"个体瞄准"，从"大水漫灌"到"精准滴灌"。向德平总结了中国贫困治理的经验：一是坚持制度优势与政治优势相结合；二是坚持"顶层设计"与"地方创新"相结合；三是坚持政府主导与多方参与相结合；四是坚持扶贫开发与社会保障相结合；五是坚持生产发展与生态保护相结合；六是坚持外部帮扶与自主脱贫相结合。

2020年以后的贫困治理需要注意以下问题：一是关注"精神贫困"问题。在物质贫困基本解决的基础上，将扶贫工作的重点放在贫困群体的心理健康、智力扶持、内生动力激活等层面，综合衡量个体的生活状态和精神面貌。二是应对"相对贫困"问题。2020年之后，中国现有标准下的绝对贫困问题将不复存在，大部分脱贫人口将会转为相对贫困人口。如何继续保障这部分群体的基本生活，帮助其不断提升生活质量，是2020年以后贫困治理需要面对的问题。三是破解"脱贫后返贫"问题。为脆弱群体提供良好的

就业机会、公共服务与社会保障，预防其因疾病、教育、失业、灾害、产业风险等重新沦为贫困人群；注重运用社会工作专业方法，为其提供后续具有针对性的物质帮扶、心理辅导、能力建设等综合服务，增强帮扶效果，促进其早日实现自我发展。四是重视“多维贫困”问题。建立多维贫困评价体系，综合衡量个体的生活状态，全方位识别、解决贫困问题，提高贫困识别的科学性与准确度。五是解决“城市新贫困”问题。2020 年农村贫困人口全面脱贫之后，我们建议有关方面应考虑将城乡贫困问题和城乡融合发展问题纳入贫困治理的战略体系，建立城乡一体化的贫困治理战略，从整体上解决贫困问题。

第二节　社会工作教育反贫困的经验探索

为进一步落实民政部、财政部、国务院扶贫办提出的“实施社会工作教育对口扶贫计划”的精神，贯彻实施民政部、国务院扶贫办联合制定的《社会工作教育对口扶贫计划实施方案》，各地社会工作专业力量积极投身对口扶贫地区的反贫困实践当中，结合对口扶贫地区的实际情况和自身专业优势，探索具有专业特色的社会工作教育反贫困实践路径，形成了具有创新性的社会工作教育反贫困实践模式。

在主题报告中，一些学者从社会工作教育反贫困的具体实践出发，总结和提炼各地的特色做法和经验，反思其不足，提出了社会工作教育反贫困的发展方向和重点工作。社会工作教育反贫困的探索不仅丰富了我国社会工作教育反贫困的实践素材，也推动了我国社会工作教育反贫困理论的创新。

专栏 6－2

社会工作教育反贫困的特色实践

一、高鉴国：高校社会工作参与农村脱贫攻坚和留守儿童服务的策略与方法：以山东大学为例

山东大学高鉴国教授针对留守儿童救助保护、留守儿童家庭教育和社会关爱服务等核心议题，着重探讨高校社会工作专业在扶贫攻坚中的角色地位和介入策略；通过文献研究和实地研究，总结山东大学社会工作专业参与扶贫攻坚和留守儿童服务的策略与方法，发现影响专业介入的内外阻碍因素和可以利用的各种资源，总结有效介入的经验模式，进而确认留守儿童社会工作深度发展所需要的政策支持和组织条件，为政府部门提供决策依据；利用参与扶贫攻坚行动平台，探讨专业教学、服务和研究如何有机结合，提升社会工作教育在国家战略发展中的参与度。

二、杨发祥：结构、文化与行动——民族地区贫困治理的地方探索

华东理工大学杨发祥教授以贫困治理有关理论为基础，以“结构—文化—行动”为整合性分析框架，通过对某苗族县域贫困治理实践的深度考察，从结构和文化两大维度勾勒该县域贫困的现状及其成因，展现民族地区贫困治理的多维性、复杂性和艰巨性，找寻民族地区贫困治理行动的双重切口，从定点帮扶与东西协作、文化迟滞与观念抵牾、土客博弈与主体磨合等方面，系统探讨民族地区贫困治理的外生性机遇、内生性约束和主体性行动策略，揭示民族地区贫困治理的多维面向，并从城乡融合发展与新型城乡关

系的角度，探索民族地区贫困治理工作可持续发展的路径。

三、芦恒：日本农村空心化背景下的反贫困社会工作及其对中国的启示

吉林大学芦恒教授认为，日本社会工作学界对乡村过疏地区反贫困的态度实现了从应对性物资援助型“紧急措置”到引导的“活性化措置”，再到重视内生性的居民“自立促进”理念的转变。同时在理论层面上，社会工作学界在地域社会学视角下引入“地域福祉”的概念框架，强调从宏观综合性角度，提供以当地居民为导向并以老人、儿童、身心残疾人、妇女保护等为重点的地方性社会福利政策来应对乡村贫困问题。在实践层面上，学界通过分析和整合当地居民的“本土性”需求，反贫困社会工作促进了以居民自助自立为核心的“六次产业化”运动。日本反贫困社会工作中体现出的反贫困理论范式与地域福利实践创新对我国反贫困社会工作具有重要的启发。

四、尹忠海：充分发挥社会工作专业的文化动员功能

江西财经大学尹忠海教授介绍了江西财经大学参与精准扶贫工作的概况，指出文化动员是社会工作介入精准扶贫的重要维度。文化动员是党和政府发动群众的重要方式，已经成为社会工作学界理论思考的重要切入点，成为社会工作开展实务的重要手段。文化动员在社会工作服务当中具有桥梁功能、渗透功能、弥散功能、资源转换功能。尹海忠以文化嵌入导向的石城经验为例，指出了文化动员的可能路径：面向在地化实践，充分调查历史文化资源；面向地方性知识，走出陌生人角色的困境；面向精神层面的需求，丰富社区文化供给侧；面向特殊群体需求，强化实务的文化维度。

五、林移刚：社会工作教育扶贫的内涵、模式与路径

四川外国语大学林移刚教授认为，社会工作教育扶贫属于教育扶贫的范畴，其目的是提高贫困地区的人口素质，促进人的发展。专业社会工作力量的介入能避免传统教育扶贫中出现的内容同质化、目的功利化、项目盲目化的问题。充分利用高等院校的智力资源、物质资源和网络资源，社会工作教育参与反贫困要实现从可能性到实然性的转变。社会工作教育扶贫需要教育和服务两者并重，以教育为目的，以服务为手段。在模式的选择上，采取高校委托或联合社会工作专业机构承接政府服务的方式，以高校智力资源为依靠和指导，依托社会工作机构和社会工作者提供落地服务：机构在前，高校在后，整合政府、高校和社会组织的力量，使教育扶贫落到实处，推动社会工作教育在扶贫实践中创造价值。

六、徐丽敏：从救助到服务——我国反贫困社会政策的发展反思

天津理工大学徐丽敏教授基于发展型社会政策视角，分析了我国精准扶贫中存在的主要困境及其根本性缘由——发展性能力不足，由此提出反贫困政策发展的新转向，即从救助到服务，构建服务型社会救助制度。徐丽敏分析了服务型社会救助制度的动力机制、形态机制、分工与合作机制、参与机制。

七、肖富群：精准扶贫对农村贫困文化的影响——基于临沧市云县油麻地村的调查

广西师范大学教授肖富群采用质性研究的方法，以云南省临沧市云县油麻地村为个案，考察精准扶贫工作机制对贫困文化的影响。通过参与观察该村精准扶贫的实践过程，以及当地贫困文化在精准扶贫政策实施过程

中的变化情况，肖富群详细论述了贫困文化的表现形式和变化情况：精准扶贫对集体型贫困文化所导致的村民发展限制未能产生有效影响；精准扶贫对生产型贫困文化中的农业生产有着明显的积极影响，但是对村民的非农生产方面则未能产生有效影响；精准扶贫对生活型贫困文化的影响是双重的，一方面减轻了村民在维持亲属关系网络方面的成本和心理负担，另一方面村民长期形成的非积累性消费观并没有受到科学的引导。

八、蒲占江：TPR 融合社会工作脱贫攻坚

美亚联创（北京）科技有限公司的蒲占江认为，社会工作教育参与脱贫攻坚要突出社会工作教育的独特优势，社会工作的理念、方法、技巧和手段都是开展精准扶贫、精准脱贫的重要法宝。要推动扶贫工作科学化和专业化，在扶贫中不仅要救助，而且要为贫困群众提供心理疏导、社会辅助、团队互助、社会支持等服务，实现社会救助和心理关怀的同步介入。社会工作教育对口扶贫计划要切实展示社会工作的作为，让贫困地区真实感受和认同社会工作。因此，在服务交流、实习督导、教学管理、教师培养方面，社会工作者要充分利用现代信息手段，通过 TPR 技术进行网络授课、远程指导等，促进优质教育资源的共享；要结合高校教育已有的工作模式，充分利用高校现有的工作资源，推动教学、实践、研究同步发展。

第三节　社会工作教育反贫困的专题讨论

反贫困社会工作是一个综合性的发展过程，对反贫困社会工作的研究也需要进一步分类和细化。分论坛设置了“反贫困社会工作理论与方法”

“反贫困社会工作实践经验与典型案例”“反贫困社会工作与‘志’‘智’双扶”“反贫困社会工作与社会工作专业人才培养”四个单元，分别从工作方法、典型案例、“扶志”“扶智”、专业人才培养四个方面进行专题讨论和理论分享。

一、反贫困社会工作理论与方法

反贫困社会工作关注妇女、老人、儿童等弱势群体的特殊需求，从不同贫困类型即收入型贫困、能力型贫困、心理型贫困等多维贫困出发，以社区为阵地，运用发展性视角和优势视角，聚焦支持性服务、生产性服务及资源链接服务等社会工作服务策略，引入社会力量参与反贫困实践，加强与政府、社会组织的合作，推动贫困人口脱贫致富。

专栏6-3

反贫困社会工作方法

一、张翠娥：农村妇女更为贫困吗？——基于河北、湖北和广西的调查

华中农业大学张翠娥教授基于能力贫困理论和社会性别理论，通过对河北、湖北和广西的调研，运用多维度测量方法建构贫困的维度和指标，在比较两性多维贫困差异的基础上，从个体的性别意识、家庭的性别权力和社区的性别文化三个层面探讨影响农村妇女贫困的主要因素。研究结果表明：第一，单维度贫困的考察发现，各维度的贫困发生率不同，其中受教育程度和政治参与权利被剥夺的比例较高。就两性总体来看，女性的贫困发生

率高于男性。第二，多维贫困视角的分析显示，随着贫困维度数越多，个体的贫困状况越严重，整体来说，女性的贫困剥夺份额和多维贫困指数要高于男性。第三，通过对贫困户与非贫困户进行比较，我们可以发现家庭的精准扶贫识别存在一定的性别盲区。在非建档立卡的家庭中，女性被剥夺权利的比例也较高，但她们在扶贫中往往被忽略。第四，深入的统计分析显示，性别观念是影响女性能力贫困的主要因素。

二、肖萍：反贫困领域中的专业社会工作服务

南京大学肖萍副教授认为，专业社会工作者应当识别需要帮助的贫困者，并凭借自身的判断能力来确定向服务对象提供什么样的帮助及何时提供帮助，使他们获得自我实现。这种需求识别基于一种能力取向的调查而开展，涵盖从家庭经济收入到家庭资产累积、从工作技能到稳定就业能力、从二代子女生存需要到二代子女抱负水准与职业生涯发展能力等内容。反贫困社会工作服务关注不同的贫困类型，包括收入贫困、能力贫困、心理贫困、支出型贫困等。反贫困专业社会工作服务策略体现在发展性视角，聚焦支持性服务、生产性服务及资源链接服务。

三、范慧、牛津：优势视角下集中连片特困区农户发展能力提升研究

安徽大学范慧、牛津老师以脱贫攻坚和乡村振兴战略的实施为背景，从陕西省J社会组织在集中连片特困区S村的反贫困实践出发，立足优势视角理论，力图探讨社会工作专业技术和方法对贫困农户发展能力再造的意义。J社会组织的实践表明：依托个人、组织增能及社区优势取向，通过挖掘、整合村落内外多元资源，促进农户的组织化参与，构建社会融入空间，能够有效摆脱传统“外力输入式”扶贫模式的“内生动力不足”“自愿式贫困”等减贫

困境，激发农户及社区在反贫困实践中的主体性，从而促进农户经济发展能力、政治参与能力和社会发展能力的改善与再造。

四、栾卉：转型中国的多维贫困及其衍生规律

天津理工大学栾卉老师以多维贫困理论为基础，对转型期中国六省市3 199户城乡贫困家庭的多维贫困状况及其影响因素进行了实证研究。研究结果表明：第一，我国被调查家庭的多维贫困率整体较高，达到68.2%，其中教育和健康维度的贫困最为突出；第二，我国城乡贫困家庭的多维贫困具有一定差异，相比于城镇地区，农村被调查家庭的多维贫困发生率及被剥夺程度更为严重；第三，我国城乡多维贫困受到微观、中观及宏观因素的综合影响，户主、家庭、地区等指标是影响多维贫困的显著因素。她建议，我国政府需要持续加强对贫困家庭的人力资本投资，加大对农村贫困地区的政策倾斜，提升反贫困政策的针对性和可及性。

五、赵宝海：社会关系贫困与社区互助

内蒙古大学赵宝海老师认为，社会关系贫困即社会关系匮乏和个人的孤岛化造成的，“孤老死”是一种极端的表现。近年，中国农村也出现了孤独终老的现象。除了老人经济收入有限、不能到养老院养老之外，极端的个体化带来的亲族支援功能的弱化也是这类现象出现的重要原因。因此，社区互助尤为重要，社会工作通过专业服务激活社区互助系统，解决社会关系贫困带来的问题。

六、连雪君：分离与融合：社会工作如何构建乡村社会养老机构的集体生活模式

内蒙古工业大学连雪君副教授在W县的调研中发现，老年人在养老机

构的集体生活中产生了两种不适应问题：一是与机构规章制度的冲突，并受到规章制度的“权力压制”；二是与共同居住生活的其他老年人之间容易发生矛盾。这两个问题导致农村养老机构运行与创造一种新的集体融合生活模式的初衷相背离。要通过开展社会工作的融合服务模式，建构一种社会工作者、敬老院管理服务者和老年人的沟通机制，创新敬老院的管理方式和服务方式，改变养老机构内部存在的问题。

七、毛绵逵：扶贫干部社会工作理念和方法的“无意识”实践及其表达形式——基于保亭县案例

河海大学毛绵逵老师基于对海南省保亭县脱贫攻坚历程的调研发现，绝大多数扶贫干部缺乏专业社会工作理论和方法的学习或培训经历，同时该县脱贫工作也缺乏专业社会工作机构与人员的指导和直接参与，但扶贫干部在实际工作中却“无意识”地使用了大量专业社会工作的理念和方法，并且丰富了专业社会工作理论与方法，成为社会工作中国本土化实践的重要组成部分。扶贫干部在实践中“无意识”采用的工作方式、方法构成了符合中国基层治理体系和社会经济背景的本土化方案。

八、宋雯：理性情绪治疗法(REBT)在反贫困实践中的应用

郑州轻工业大学宋雯老师认为，理性情绪治疗法是社会工作领域中成熟的实务工作模式，该模式强调认知在事件、情绪反应链条中的核心作用。她认为，认知和行为两者具有协同作用。将理性情绪治疗法运用到实务中，通过调整认知为服务对象赋能，通过行动和认知的协同来实现服务对象状况的改变。这种方法与当前反贫困领域中的工作重点——激活贫困人群内生动力，增强贫困人群发展能力——具有较高的一致性。宋雯从介入问题类型、工作思路、介入取向、方法技巧等方面，展现理性情绪治疗法在反贫困社会工作领域中的应用，并就该方法本土化的问题进行研究。

九、叶淑静：反贫困社会工作视角下的社区服务体系建设——以渔业社区为例

上海海洋大学叶淑静老师以渔业社区为例，分析渔业社区的服务需求维度与困境，构建反贫困社会工作视角下社区服务体系建设思路框架，提出社会工作参与社区服务体系建设的建议：发掘社区居民（渔民）主体潜能与积极改变的主观动力，推动群众参与公共事务；增强能力建设，既包括增强服务对象的能力，也包括增强社会工作者的服务能力；重视志愿者的培育和志愿服务活动的开展；以历史的眼光看待社区服务的延续性，社区服务不是平面的，反贫困工作也不是片段式的。

十、许云云：协同共治："后脱贫时代"农村内生动力发展的研究

安徽师范大学许云云老师以安徽省岳西县D村为例，选取D村的贫困户、帮扶干部、村委会工作人员作为调查对象，通过访谈、查阅文献等方式收集资料，分析D村在村民委员会治理、村民心理、资源管理等内生动力发展问题。许云云提出，在协同治理视角下，建立"后脱贫时代"农村专业协同在地的联动机制，从培养内生抗逆力、挖掘在地源动力、提供专业助推力三个角度，推动基层政府、基层干部、农户、专业社会工作者多主体之间的正向联结，促进农村内生动力的发展。

十一、陈思雨、张颖：精准扶贫政策执行中政府行动逻辑探讨

扬州大学的陈思雨和张颖认为，自精准扶贫政策实施以来，各地扶贫实践取得了良好的成效，但在政策执行环节中也出现了以政府为主导的行政

主体在“简单化”这一行动逻辑指导下的行为偏差。由此，在精准扶贫的四大环节中引入社会力量显得尤为重要。社会力量与政策的内在契合性为专业社会工作介入精准扶贫提供了可能性；对政府偏差行为的纠正、对贫困群体的多维性脱贫作用及对自身本土化发展要求都体现了专业社会工作参与精准扶贫的必要性。

二、反贫困社会工作实践经验与典型案例

《中共中央 国务院关于打赢脱贫攻坚战三年行动的指导意见》明确指出，要实施社会工作“专业人才服务三区计划”“服务机构牵手计划”“教育对口扶贫计划”，为贫困人口提供生计发展、能力提升、心理支持等专业服务，实施社会工作专业人才服务贫困地区系列行动计划，支持和引导专业社会工作者、志愿服务力量积极参与精准扶贫。我国各地社会工作专业人才积极投身反贫困实践，积累了丰富的实践经验，形成了各具特色、颇有成效的反贫困实践模式。

专栏6-4

反贫困社会工作的典型案例

一、徐道稳、李晓凤、林佳鹏：社会工作推动就业扶贫的增能体系构建研究——以“龙凤就业＋”项目为例

深圳大学徐道稳教授指出，传统粗放式、救济式的就业扶贫往往造成现实中服务对象“出不来、干不了、稳不住、过不好”等困境，导致其未能从根本

上改变劳动意识、激发就业动机。深圳市龙华区牵头实施的“龙凤就业＋”项目，旨在运用社会工作专业手段推动就业扶贫向精准性、增能型发展，构建了“一中心、三平台、八功能”的就业扶贫增能体系，即依托枢纽型就业服务中心，整合政府、企业、社会组织、志愿者等资源参与共建，通过政策宣讲、职业规划、组织孵化、职介链接、典型引领等服务策略，倡导就业新理念，改善就业困境，形成当地“劳务脱贫、劳动致富”的新局面。

二、王力平：光伏产业扶贫与贫困治理

内蒙古科技大学王力平教授认为，产业扶贫是精准扶贫的根本之策。光伏产业扶贫作为精准扶贫的突破口，能够发挥地域性的资源优势，大幅提升资源的利用效率，为贫困村开拓新的增收渠道。在光伏产业扶贫的特定场域中，存在着精准脱贫的制度逻辑、产业扶贫的市场逻辑与贫困治理的社会逻辑之间的结构性矛盾。走出贫困治理的结构性困境需要重构制度、市场与社会的脱敏机制，增强政策与社会的互动，重建贫困治理秩序。

三、利爱娟：社会工作在精准扶贫中的循证实践

内蒙古工业大学利爱娟老师根据循证实践的一般特征，结合我国精准扶贫的特殊情况，运用循证实践方法论对我国循证实践下的扶贫机制进行了深入探讨。

四、穆莉萍：贫困地区的资产辨识与组织培育——以老年社区组织的培育为例

四川外国语大学穆莉萍老师从农村资产辨识入手，以老年社区自组织培育为例，通过发掘个体资产和社区资产，建立社区关系网络，培育社区自组织，激活社区内部系统，重拾服务对象的主体性，重构社区互助关系，培育社区力

量，预防和解决社区问题，促成其与外部系统力量的耦合，进而助力贫困社区治理和脱贫攻坚工作。

五、王青：家庭抗逆力视角下社会工作参与反贫困的实践研究

江西财经大学王青老师借助家庭抗逆力的社会工作理论，以江西省S村扶贫项目为例，探讨了社会工作介入扶贫的微观实践经验。S村的实践表明：以家庭抗逆力为理念的社会工作服务，通过提升家庭的保护因素，可有效地建立家庭的缓冲区，避免其陷入困境，从长远来看，可减少贫困的代际传递，避免长期贫困。

六、朱海平：云南师范大学社会工作"三驾马车"精准扶助梁河

云南师范大学朱海平老师指出，云南师范大学社会工作团队在认真分析、把握国家及全省扶贫工作形势的基础上，充分调研扶贫对象特征，结合当地特点和专业优势，围绕"精准"理念整合资源、制订科学的帮扶计划，重点从213户帮扶对象入手，在"教育帮扶""科技帮扶""文化帮扶"三个方向上精准发力，加快了梁河县脱贫攻坚的步伐。

七、田奇恒、王玉龙：社会工作介入乡风文明路径研究

重庆城市管理职业学院田奇恒教授认为，社会工作可以通过以下途径来提升乡风文明：培养文明引路人，塑造文化传承者；以传统节日为载体，建设乡土文化村社；正家风家教，传正向能量，育村风民风；实现本地文化与社会主义核心价值观的衔接，引导和教育村民加强思想道德修养。

八、任娟娟：城市老旧院落改造中的社会工作介入——基于陕西X社会工作服务中心实践的研究

西北政法大学任娟娟副教授以陕西X社会工作服务中心所开展的"'匠

心爱意、废物利用、芳华再现’美化家园”项目为例，综合运用案例分析、深度访谈与参与式观察等质性研究方法，对社会工作介入城市旧院落改造的实践进行了总结和反思。研究发现：该项目实现了“垃圾分类、变废为宝、美化院落”的任务目标，也实现了促进居民参与、加强社区融合的过程目标。同时，推进城市旧院落改造是契合本土特色的社会工作实践，是社会工作介入基层社会治理的有效切入点，也是社会工作介入更为复杂的社区问题的基点。

九、胡善平、程书松：社会组织介入农村精准扶贫工作的机制构建研究——基于地方性实践的经验总结

淮南师范学院胡善平教授分析国内社会组织介入农村精准扶贫工作机制构建的基本情况和主要侧重点，通过对地方性实践经验的总结及对存在问题的梳理和分析，提出了构建社会组织介入精准扶贫的机制和路径。胡善平认为，必须从政策支持、动力源开发、能力建设、平台整合及实践领域获取等方面，完善社会组织介入农村精准扶贫工作的机制和路径。

十、郑秀娟：社会工作参与贫困人群社会支持体系构建研究

云南财经大学郑秀娟老师认为，社会工作作为一种社会体系调适的专业工作，在扶贫实践中可以发挥其他专业无法企及的作用，可以调动贫困群体的自主能动性，使其成为打破传统文化偏见的“使者”；社会工作作为需求观察者和资源挖掘者，可以撬动贫困地区原有的资本优势；社会工作扮演社会关系“工程师”的角色，可以推动贫困地区人群构建社会支持网络，使组员自主激发潜能；社会工作可以演化为社会互动的元素，融入贫困地区人群的生活环境、个人动力体系、文化塑造过程。

十一、宋烨：贫困地区儿童社会心理支持实践研究——以联合国儿童基金会都匀地区困境儿童保护项目为例

黔南民族师范学院宋烨老师以贫困儿童社会心理支持为主要内容，针对贫困家庭儿童制订“志、智”双扶的干预计划，通过儿童社会心理支持课程、体育游戏课程、社会生态系统支持、个案筛查四个方面的服务，增强贫困儿童沟通能力、团队意识、规则意识、抗挫能力、情绪控制能力，促进其身体的成长、心理能力的发展、社会化的建构、道德的建立，达到“志、智”双扶的目的。通过项目的实施，本书总结和探索了一套本土化的社会工作服务模式。

十二、赵影：社会支持网络视角下社会工作教育参与精准扶贫的路径探索——以南阳市S县为例

江苏师范大学赵影根据在河南省南阳市S县开展的“牵手计划”项目，结合贫困特点探索社会工作教育参与扶贫工作的新型模式。针对S县“点状贫困”“贫困叠加”两大类贫困问题，运用增权赋能、社会支持网络等理论，通过交叉挂职、线上课程、线下导师、回归项目、资源链接、本土生态打造、网络耦合、社社联动八种方式，为S县贫困人口提供各类扶贫服务，帮助其挖掘自身能力，培育当地居民自身的力量，营造本土公益生态环境，实现自助互助服务，构建内外协作网络，建立可持续的反贫困机制，助力该地区打赢脱贫攻坚战。

十三、戴沁珊：民族地区精准扶贫进程中的困境及个案管理模式探析

内蒙古大学戴沁珊认为，内蒙古乌拉特后旗地区精准扶贫进程中的困境相较于其他地区有很大的特殊性。研究发现，致贫原因主要有因病致贫、

因生计变迁致贫、因劳动力短缺致贫、因学致贫和因残致贫。基于个案管理模式，她建立和设计了适应精准扶贫需要的服务框架与服务内容，提出了具体的实践措施。

三、反贫困社会工作与"志""智"双扶

"扶贫先扶志"，"扶贫必扶智"，扶贫不仅要为贫困群众提供资金和政策支持，更要为贫困群众增能赋权，激发贫困群众的内生动力，促进贫困群众转变思想观念，树立自我脱贫信心，提升自我脱贫能力。社会工作专业人才可以通过为贫困群众提供心理疏导、精神关爱、关系调适、能力提升等社会服务挖掘贫困群众的发展潜力，并通过传承乡村优秀传统、传播乡村文化、激发乡村文化的自我动能性，为贫困地区的脱贫攻坚和乡村振兴提供智力支持、积蓄人力物质资源。

专栏 6－5

反贫困社会工作中的"扶志""扶智"

一、胡日沁毕力格："志""智"双扶　贵在教育

内蒙古师范大学教授胡日沁毕力格认为，社会工作者在边疆民族地区开展脱贫攻坚服务，必须秉持治贫必治愚、扶贫先扶智、扶智抓教育的理念，通过母语宣讲，深入开展宣传教育工作，使党的声音始终在牧区回荡；要着力解决教育资源匮乏的问题，建立长效机制，实现可持续发展。同时，关注产业发展、文化导引、激发脱贫内生动力等也是"扶志""扶智"的重要举措。

二、程玲：发展型社会工作的脉络、特点及其在反贫困中的运用

华中师范大学程玲副教授认为，社会工作是政府扶贫的有效补充，社会工作者运用专业的知识和技巧，帮助贫困群众转变思想观念、树立自我脱贫信心、提升自我脱贫能力，为贫困治理注入了新的活力。程玲在实地调研的基础上介绍了“扶志”“扶智”与社会工作的逻辑关系，分析了“扶志”“扶智”的可行性与必要性，从社会工作的职责使命、功能定位、理论指引和社会工作者的角色等方面提出了“扶志”“扶智”的实践框架，探讨了社会工作“扶志”“扶智”的介入理论、介入目标和介入方法。

三、司武林：面向贫困农村留守儿童开展“扶志”“扶智”的几点思考

陕西师范大学司武林副教授认为，面向贫困农村留守儿童开展内容丰富的关爱活动，是社会工作开展“扶志”“扶智”的重要途径，也是遏制农村贫困代际传递、从根基上改变贫困文化和输入新思想、新知识的关键行动。作为脱贫攻坚内容的“扶志”“扶智”，应确立更高目标，以乡村振兴为方向。社会工作者要熟悉“地方性知识”，在活动过程和活动内容中要突出乡村优秀传统、传播乡村文化、巩固乡村基础，为贫困地区的乡村振兴提供智力支持、积蓄人力资源。

四、缪自锋：社会工作教育助力西北民族地区脱贫攻坚的实践探索

甘肃政法大学缪自锋教授认为，社会工作专业人才是为贫困群众提供心理疏导、精神关爱、关系调适、能力提升等社会服务的新兴力量，可以在帮助贫困群众转变思想观念、树立自我脱贫信心、拓宽致富路径、提升自我脱贫能力等方面发挥积极作用。基于当前精准扶贫的状况，专业社会工作在农村反贫困中有很大的实践空间，其在贫困人群经济救助、贫困人群关爱服

务、农民合作组织培育、生计项目扶持、贫困户移民搬迁等领域发挥着重要作用。目前社会工作专业力量正积极参与西北民族地区扶贫攻坚实践，但也面临诸多局限，因而我们必须采取相应对策，不断完善社会工作助力脱贫攻坚的机制和体系。

五、张燕：内生动力或外因使然？乡村文化振兴的深层逻辑与路径选择——基于包头市车铺渠村的实证研究

内蒙古科技大学包头师范学院张燕教授认为，中国乡村文化的发展既受到国家宏观政治、经济、文化政策的影响，又有其自主发展的逻辑，特别是在政府与民间、城市与乡村、现代与传统、理性与民俗、群体与个人之间存在着张力。乡村文化振兴既需要自上而下给予一定的政策支持、经济投入、资源链接、人才支撑，营造良好的外部环境，又需要激发乡村文化的自我动能性，遵照其内在逻辑自下而上地促进其自我发展和自我演进。

六、刘振：个体赋权与系统构建：社会工作介入教育扶贫的理论创新与经验反思——以H大学云南省S村暑期教育项目为例

天津理工大学刘振老师认为，教育扶贫是我国实现打赢脱贫攻坚战的重要方式之一，但当下教育扶贫仍面临诸多困境。基于社会工作生态系统理论和赋权理论，建立"系统—赋权"的理论框架，继而探讨社会工作介入教育扶贫的行动逻辑与实践路径。他对社会工作介入教育扶贫做出了经验反思，总结出一种以个体赋权与系统建构为核心的反贫困社会工作实务模式。

七、严茜：教育扶贫怒江起航，专业力量聚焦"三州三区"

保山学院严茜老师介绍了怒江地区教育扶贫的经验。在中央财政支持社会工作教育对口扶贫示范项目的背景下，深入"三区三州"，以社会工作介

入困境儿童心理健康问题的模式为例，综合运用机构(服务)＋高校(专业)＋政府(保障)“三位一体”的地区发展模式开展社会工作服务，以“嵌入、示范、培养”为目标，建立以社会工作专业为指导，贯彻扶贫先扶志的理念，从激发内生动力、发挥系统效应等方面探索建设多元扶贫主体社会支持网络的路径，促进社会工作服务的专业化，推动社会工作与精准扶贫的良性互动。

四、反贫困社会工作与社会工作专业人才培养

专业人才是社会工作参与反贫困的主要力量，专业人才的培养是推动反贫困社会工作发展的重点。在分论坛中，学者们就为何培养和如何培养反贫困社会工作专业人才及培养怎样的反贫困社会工作专业人才进行了深入的思考和分析，提出要从地方实际出发，以增能赋权为落脚点，准确把握反贫困社会工作人才培养的需求，重视反贫困社会工作教育和培训，健全反贫困社会工作人才培养体系，提升反贫困社会工作专业人才的素质水平。

专栏6-6

反贫困社会工作专业人才培养

一、章长城：民族院校开展社会工作硕士专业学位教育的几点思考

中南民族大学章长城副教授认为，民族院校开展社会工作硕士专业学位教育是建设宏大社会工作人才队伍与构建和谐社会的迫切需要，也是服务少数民族和民族地区社会工作发展的迫切需要。民族院校开展社会工作

硕士专业学位教育需要准确理解和科学把握社会工作硕士专业学位教育的定位与基本要求，重点培养服务少数民族和民族地区的高层次社会工作专业人才。民族院校开展社会工作硕士专业学位教育面临培养模式不成熟、办学经验不足等问题，需要从师资队伍建设、课程体系设置、教学组织管理和对外交流合作等方面提高工作水平。

二、牛科研：精准扶贫背景下甘肃社会工作人才队伍建设探析

甘肃政法大学牛科研认为，社会工作专业人才具有一定的专业知识和技能，培养社会工作人才是国家在深化社会改革新时期提出来的人才发展战略。报告分析了甘肃省社会工作队伍建设的现状，针对所存在的问题提出了相应的对策。

三、王雪梅：宁夏反贫困社会工作人才培养体系建设

宁夏大学王雪梅教授指出，宁夏农村对社会工作人才的需求量较大，就目前的扶贫实践来看，培养具有反贫困能力、能深入西北贫困地区的青年人才是宁夏社会工作人才培养的重点和难点。社会工作人才培养不仅要依托高校，还需要政府机构、社会组织积极参与，关键是要形成有层次性的、可持续发展的人才培养体系。反贫困社会工作人才培养的核心力量是高校，包括培养社会工作本科和硕士人才，同时，要对农村社区社会工作人才进行不定期的培训。政府机构要继续加大对反贫困社会工作服务的购买力度并形成长效机制，争取在三年到五年内培养一批农村基层反贫困社会工作人才。

四、邓俊丽、方香廷：治理能力现代化视域下反贫困社会工作人才队伍建设的逻辑理路及地方实践

内蒙古工业大学邓俊丽教授指出，内蒙古反贫困社会工作人才队伍建设以增能赋权为出发点和落脚点，以脱贫攻坚工作人员为工作对象，以社会工作知识和技巧培训、社会工作学历教育、社会工作职业资格考试培训为主要内容，以高校社会工作教师、驻村社会工作者、实习实训学生为社会工作专业理论、方法、技巧的主要输出者，以扶贫—脱贫为作用过程，以精神脱贫、生计可持续能力建设、群众认同等为维度建设主要的评估指标，探索出反贫困社会工作人才队伍建设的地区经验。

五、窦新：建构农村反贫困社会工作专业人才培养模式思考

江苏师范大学窦新通过文献研究和实地调研发现，在精准扶贫的精准识别、精准帮扶、精准管理和精准考核的四大环节中引入社会力量尤为重要。专业社会工作与扶贫行动共同的价值取向、社会目标、行动逻辑和行动方法都为专业社会工作介入精准扶贫提供了可能性；社会工作扶贫服务对贫困群体的多维性脱贫作用及对自身本土化发展的要求，为专业社会工作介入精准扶贫提供了必要性。

第四节　社会工作教育反贫困的发展目标

党的十九大明确把精准脱贫作为决胜全面建成小康社会必须打好的三大攻坚战之一，并对脱贫攻坚做出了全面部署。在国家政策的鼓励和引导下，社会工作专业人士积极投身脱贫攻坚主战场，探索社会工作参与脱贫攻坚的理论、方法与实务，形成了丰富的实践经验和研究成果。此次会议上，全国反贫困研究专家、学者齐聚呼和浩特，共同就社会工作教育参与脱贫攻坚展开学术研讨，为脱贫攻坚和可持续发展献言献策，对脱贫攻坚、全面建成小康社会具有极为重要的意义，也对社会工作教育反贫困和社会工作参与贫困治理的理论发展具有积极的促进作用。

一、丰富社会工作教育参与反贫困的实践

此次会议上，来自各地各院校各专业机构从事社会工作教育反贫困实践和研究的专家学者和工作人员，分享了他们在反贫困实践和反贫困社会工作专业人才培养中的方法、实践经验和典型案例等，探讨了反贫困社会工作的有效路径，梳理了反贫困实践所取得的成果，展示了他们在专业能力培训、实践基地建立、服务项目设计、社会工作组织发展等方面极具专业特色的扶贫工作。这些实践经验的分享，不仅促进了各方的交流互动，鼓励扬长避短，提升专业服务水平，也丰富了我国社会工作教育参与反贫困的实践内容，有助于推动社会工作教育反贫困实践模式的科学化和本土化发展。

二、推动社会工作反贫困教育

在脱贫攻坚背景下，各高校社会工作专业高度重视反贫困教育和反贫困实践。一方面，通过充分发挥知识转移、服务整合、双向交流的专业特色，依托学校资源、项目支持和学生力量，提升社会工作教育反贫困的专业水平和实践效能。另一方面，通过参与反贫困实践，探讨专业教学、社会服务和理论研究有机结合的方式，加大反贫困社会工作人才培养力度，提升社会工作教育在国家战略发展中的参与度。

三、完善社会工作教育反贫困理论

与会人员进行了广泛研讨和交流，取得了丰硕的理论成果。专家学者对实践经验的系统梳理和有效提炼，不仅充分体现了社会工作专业的“理论自觉”，丰富了社会工作教育反贫困理论的内涵，也对深入推进社会工作理论对实践的指导、促进社会工作理论完善具有重要的意义。

第七章　社会工作教育反贫困的总结与展望

打赢脱贫攻坚战，是促进全体人民共享改革发展成果、创造美好生活、实现共同富裕的重大举措。各高校积极落实党的十九大精神，深入贯彻民政部、财政部、国务院扶贫办有关要求，积极参与脱贫攻坚。

第一节　社会工作教育反贫困的主要成效

中国社会工作教育协会及其反贫困社会工作专业委员会对 202 所高校 2019 年年度参与脱贫攻坚的情况进行了调查统计。

一、总体情况

全国共有 202 所高校参与社会工作教育对口扶贫计划，3 212 名教师和学生（较 2018 年增加 171 人）、888 名实务工作者（较 2018 年增加 651 人）、4 050 名志愿者（较 2018 年增加 3 419 人）参与了各实习实训基地的社会工作教育反贫困服务行动。高校教师是高校助力脱贫攻坚的主要参与者，97.4%的高校实习实训基地有教师参与反贫困社会工作，较2018年(91.7%)增加了5.7个百分点；94.7%的高校实习实训基地有学生参与反贫困社会工作，较2018年(78.2%)增加16.5个百分点；86.8%的高校实习实训基地吸纳了实务工作者参与反贫困社会工作，较2018年(31.6%)增加了55.2个百分点；88.8%的高校实习实训基地吸纳了志愿者参与反贫困社会工作，较2018年(37%)增加了51.8个百分点。

关于高校实习实训基地吸纳脱贫攻坚人员的类型，如图7-1所示。

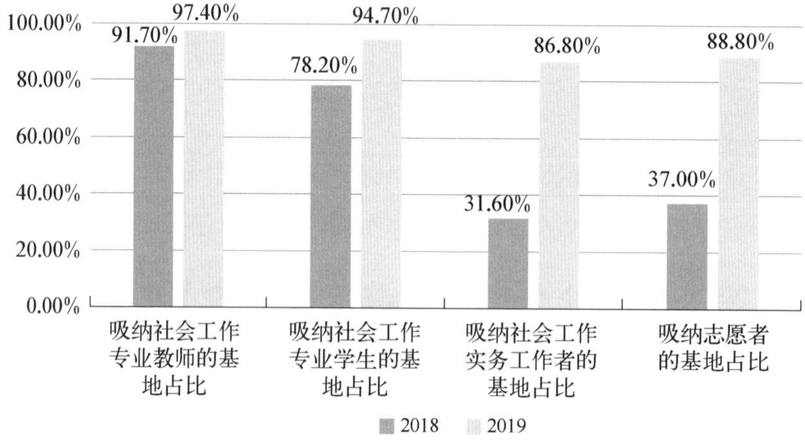

图7-1　高校实习实训基地吸纳脱贫攻坚人员的类型统计

二、服务对象

2019年，高校社会工作专业参与脱贫攻坚的服务对象主要为贫困地区的弱势群体及社会组织，服务的总人数为283 686人，较2018年(239 145人)增加了44 541人。其中，90.47%的服务对象为贫困户，主要是贫困地区青少年、老年人和特殊困难妇女。此外，服务对象还包括基层干部、扶贫工作人员、社会服务及管理人员。

三、服务内容

高校社会工作参与脱贫攻坚的服务内容主要集中在以下几个方面：对于贫困群体，主要通过技能培养与就业创业指导、情绪疏导与关系调适、链接资源、重建支持网络、促进易地搬迁贫困群众生活融合适应等方式，帮助贫困群众增强脱贫能力和可持续发展能力。具体内容包括：儿童及青少年服务、老年人服务、妇女服务，以及贫困地区党政领导干部、扶贫工作人员、社会服务及管理人员服务。

四、服务方式

在服务方式上，高校综合运用个案工作、小组工作和社区工作等多种形式开展教育扶贫工作，合计开展各项社会工作服务 4 527 次，包括 2 609 次个案工作、1 188 次小组工作和 730 次社区工作。其中，152 所高校使用了两种以上的社会工作方法，93 所高校同时使用了三种社会工作方法。在 152 所高校中，有 110 所高校采用了个案工作方法，占比为 72.4%；有 133 所高校采用了小组工作方法，占比为 87.5%；有 101 所学校采用了社区工作方法，占比为 66.4%。

五、资源投入

高校和中国社会工作教育协会在脱贫攻坚工作中的资源投入主要集中

在人员、资金和资源链接等方面。2019 年，共投入人员 63 502 人次，经费 8 951 万元。同时，有 73.9%的高校进行了资源链接，资源主要来源于政府、其他高校、企业和社会力量。其中，44.8%的高校获得了政府资源的支持，31.4%的高校获得了其他高校资源的支持，16.7%的高校获得了企业资源的支持，40.2%的高校获得了社会资源的支持。

六、工作亮点

（一）开展多种服务，丰富社会工作教育对口扶贫的服务内容

高校社会工作参与脱贫攻坚的服务内容不断丰富与发展，主要体现在：增强技能培养与就业创业指导，链接各方资源，重建社会支持网络，帮助贫困群众增强脱贫能力和可持续发展能力；运用个案、小组工作方法，开展成长辅导、情绪疏导及“控辍保学”①等服务；开展养老服务人才队伍培训以及为老年人提供精神慰藉、生活照顾、权益保障和临终关怀等服务；从社会性别视角、优势视角出发，增强女性性别意识，提升妇女自立自强的能力；开展社会工作知识普及和宣传工作，增强地方党政领导干部、扶贫工作人员、社会服务和管理人员的专业技能；发挥部分高校专业先发优势和人才优势，培育当地社会工作行业组织和实务机构，同时，建立督导联系制度、机构对接制度和人才双向交流制度，促进对口扶贫地社会组织机构的可持续发展。

（二）进行实务培训，提高社会工作教育对口扶贫的实效

中国社会工作教育协会实施社会工作教育对口扶贫计划办公室和反贫

① “控辍保学”是指控制学生辍学，加大治理辍学工作力度，保证适龄儿童和少年完成九年义务教育，提高普及九年义务教育的质量和水平。

困社会工作专委会开展多种方式的培训，召开反贫困社会工作案例书写工作坊，提升社会工作专业师生参与对口扶贫的理论研究水平和实务服务能力。

（三）开展理论研究，编撰社会工作教育反贫困丛书

中国社会工作教育协会反贫困社会工作专业委员会与华东理工大学出版社联合编辑出版"大国攻坚·反贫困社会工作丛书"，旨在总结社会工作教育对口扶贫的理论成果与实践经验。丛书由反贫困社会工作总论、特定视角、特定对象和典型案例研究。其中，总论包含反贫困社会工作研究的导论、理论、模式、案例；特定视角包含反贫困社会工作研究的社区为本、抗逆力、内生动力、资产建设、可行能力建设、赋权、心理弹性、"扶智""扶志"；特定对象包含儿童反贫困、老年反贫困、妇女反贫困、少数民族反贫困；典型案例包含社会工作介入对口扶贫点的实地案例研究。

七、工作成效

（一）建立实习实训基地

到2019年年底，高校发挥自身专业力量与173个贫困地区社会工作院校或机构建立了对口支援关系，在贫困地区了建立实习实训基地168个，如社会工作教育对口扶贫基地、精准扶贫校地合作实践站点等。

（二）发挥专业扶贫效果

高校社会工作参与脱贫攻坚产生了积极的效果和影响。具体表现为：解决了贫困群众的实际困难，提升了贫困群众的发展能力，激发了贫困群众的内生动力，加快了贫困地区脱贫攻坚的进程；同时，传播了社会工作的价

值理念，培养了当地社会工作人才，培养了本土社会工作机构。

（三）促进贫困对象发生变化

在心理与行为方面，贫困对象开始形成正确的自我认知，增强改变现状、脱贫致富的决心和信心；在能力方面，贫困对象社会交往能力、家庭互助能力和生计发展能力逐渐增强；在社会支持方面，社区、邻里、亲友、同辈间互帮互助，增强了贫困对象的非正式支持系统，同时政府、社会组织、高校及企业等各类资源不断增多，扩大了贫困对象的社会支持网络。

（四）学术及政策产出

高校在参与脱贫攻坚工作的过程中产出了一系列学术和政策成果，截至2019年年底，在服务的进程中，完成社会工作参与反贫困的学生毕业论文549篇，其中52篇已发表；完成学术论文373篇，其中274篇已发表；编写反贫困社会工作教材28本，其中20本已出版；编写反贫困知识手册194本，其中14本已出版。在已发表的学术论文中，有143篇发表在国内普通刊物上、113篇发表在国内核心刊物上，18篇发表在国外刊物上。

此外，各高校也重视培育当地的社会工作力量，取得了明显的成效。

第二节　社会工作教育反贫困的挑战及应对

一、社会工作教育反贫困的挑战

（一）经费与政策支持不足

社会工作教育对口扶贫计划没有专项经费支持。部分高校之所以未能及时开展社会工作扶贫服务，很大一部分原因在于缺乏经费和学校政策的支持；而在开展扶贫工作的高校中，专项经费不足是制约扶贫效果提升和扶贫持续性的重要因素之一。

（二）与政府扶贫部门的合作有待深入

一些高校与政府特别是政府扶贫部门的合作还不深入，服务内容和服务方式尚需得到有关部门的进一步认同与支持。

（三）理论探索和实务创新亟待加强

部分高校在参与扶贫的工作中，工作重点在培训和服务上面，社会工作介入反贫困工作的理论探索和实务创新方面的总结不够。

（四）奖惩机制尚需完善

就如何调动参与社会工作扶贫服务的高校参与扶贫工作的积极性、不断提升服务质量来看，现有的奖惩机制仍不完善，停留在社会工作教育协会内部的奖励和表彰，无法真正激发参与者的活力。

针对存在的问题，中国社会工作教育协会从以下几个方面积极探索解决办法。

1. 多方筹集资源，推动高校积极参与扶贫工作

加大对中央财政项目、“三区计划”项目及政府购买服务项目的支持力度，增加经费的额度；积极利用社会资源，获取有关基金会、慈善组织等的经费支持；加强与本校有关部门的沟通，取得学校的支持，举全校之力共同扶贫。

2. 发挥专业优势，扶出优势和特色

发挥社会工作的专业特点和专业优势，不断提高服务工作的规范化水

平，加强研究素材的积累和经验的总结，提升服务质量，扶出优势和特色。

3. 加强理论探索和实务创新，讲好中国故事

继续推进开展社会工作教育扶贫案例书写工作坊这一活动，通过交流、培训不断提升理论探索和实务创新能力。鼓励各高校因地制宜，勇于探索，总结典型案例和经验，用中国话语讲好中国故事。

4. 完善奖惩机制，激发参与活力

中国社会工作教育协会定期发布各高校扶贫进展状况，对开展活动突出的高校进行表彰并颁发证书，上报有关部委；探索将各高校参与扶贫工作的成果作为学科建设、学位评定和专业排名的重要参考因素，从而激发各高校参与脱贫攻坚的动力。

主要参考文献

一、著作类

［1］［德］卡尔·雅斯贝尔斯. 什么是教育［M］. 邹进，译. 北京：生活·读书·新知三联书店，1991.

二、期刊类

［1］马晓晗，向德平，顾东辉，等. 教育扶贫：贫困地区社会发展的智力支持之源［J］. 中国社会工作，2018(4)：21－22.

［2］高飞，向德平. 专业社会工作参与精准扶贫的可能性与可及性［J］. 社会工作，2016(3)：17－24.

[3] 汪昊. 社会工作力量参与脱贫攻坚持续推进[J]. 中国社会工作，2020(1)：19.
[4] 王思斌. 社会工作要增强参与反贫困的能力[J]. 中国社会工作，2017(28)：61.

三、其他类

[1] 马凤芝. 在中国社会工作教育扶贫第二次动员大会暨教育扶贫研讨会上的讲话[Z]，2018-04-14.
[2] 王铮键. 在中国社会工作教育扶贫 2018 年会暨精准扶贫与社会工作研讨会上的讲话[Z]，2018-12-08.
[3] 民政部办公厅，国务院扶贫办综合司. 关于印发《社会工作教育对口扶贫计划实施方案》的通知[Z]，2017-12.
[4] 新华网. 习近平：决胜全面建成小康社会　夺取新时代中国特色社会主义伟大胜利——在中国共产党第十九次全国代表大会上的报告[EB/OL]. (2017-10-27)[2019-07-07]http：//www. xinhuanet. com//politics/19cpcnc/2017-10/27/c_1121867529. htm.
[5] 民政部，财政部，国务院扶贫办. 关于支持社会工作专业力量参与脱贫攻坚的指导意见[EB/OL]. (2017-08-08)[2019-07-08] http：//www. cpad. gov. cn/art/2017/8/8/art_46_67164. html.
[6] 国家统计局. 扶贫开发成就举世瞩目　脱贫攻坚取得决定性进展——改革开放 40 年经济社会发展成就系列报告之五[EB/OL]. (2018-09-03)[2018-09-27]. http：//www. stats. gov. cn/ztjc/

ztfx/ggkf40n/201809/t20180903_1620407. html.

[7] 中华网. 习近平：在决战决胜脱贫攻坚座谈会上的讲话[EB/OL]. (2020－03－07)[2020－04－08]. https：//news. china. com/zw/news/13000776/20200307/37878687_1. html.

[8] 云南大学民族学与社会学学院. 2018 年中央财政支持云南省社会工作教育对口扶贫服务示范项目(云南)在云南大学启动[EB/OL]. (2018－06－01)[2019－06－11]. http：//www. msxy. ynu. edu. cn/info/1098/2034. htm.

[9] 南大团委. 脱贫攻坚第一线：南京大学云南双柏精准扶贫社会实践正式启动[EB/OL]. (2018－07－20)[2019－07－22]. https：//www. sohu. com/a/242405991_673214.

[10] 北京大学新闻网. 社会学系与陕西省白水县共建社会工作教育对口扶贫实施基地[EB/OL]. (2018－09－26)[2018－10－20]. http：//pkunews. pku. edu. cn/xwzh/2018－09/26/content_304467. htm? tdsourcetag＝s_pcqq_aiomsg.

[11] 中华女子学院研究生处. 中华女子学院与内蒙古赤峰市妇联合作"社会工作专业教育对口扶贫试点项目"正式启动[EB/OL]. (2018－07－16)[2019－07－22]. http：//www. cwu. edu. cn/zhxw/53109. htm.

[12] 青翼社工网. 安徽师范大学 MSW 助力社工教育扶贫记事[EB/OL]. (2019－04－25)[2019－07－22]. http：//www. sowosky. com/news_details? channel_type＝5&id＝3564&uid＝Y3pvME9pS1hsV0dZSWpzPQ%3D%3D. html.

[13] 人民网—重庆频道. 四川外国语大学社会学系师生扎根城口开展“造血式智力扶贫”[EB/OL]. (2018－05－22)[2018－06－23]. http://cq.people.com.cn/GB/371335/news/2018522/20185221630198903669.htm.

后　记

《民政部 财政部 国务院扶贫办关于支持社会工作专业力量参与脱贫攻坚的指导意见》明确提出:“实施社会工作教育对口扶贫计划,发挥中国社会工作教育协会的推动作用,支持和鼓励高校社会工作专业院系与贫困地区合作建立社会工作专业培训、教师实践和学生实习实训基地,帮助贫困地区培养社会工作专业人才。支持高校社会工作专业教师到贫困地区开展专业督导,引导社会工作专业在校生到贫困地区进行社会实践。”中国社会工作教育协会是高校社会工作教育反贫困的发动者、组织者、领导者、协调者和资源链接者。本书通过对社会工作教育扶贫中重要政策、重要会议、重要时间节点的记录,描述中国社会工作教育协会组织高校社会工作专业参与脱贫攻坚的历程，反映中国社会工作教育参与脱贫攻坚的实践，呈现了社会工作教育反贫困的主要做法和经验。

本书由向德平拟定写作框架和提纲。《概述》由邱琳撰写；《社会工作教育反贫困的起点——成都会议》由何瑾撰写；《社会工作教育反贫困的系统部署——桂林会议》由欧阳祎兰撰写；《社会工作教育反贫困的阶段总结——新乡会议》由梅莹莹撰写；《社会工作教育反贫困的强化——北京会议》由刘永泽撰写；《社会工作教育反贫困的交流——呼和浩特会议》由罗珍珍撰写；《社会工作教育反贫困的总结与展望》由向德平撰写。

本书是国家社会科学基金重大项目“精准扶贫战略实施的动态监测与成效评价研究”(16ZDA022)、教育部哲学社会科学发展报告建设(培育)项目“中国反贫困发展报告”(11JBGP038)的研究成果。

中国社会工作教育协会组织的反贫困行动范围广、影响大、效果显著，本书只是以中国社会工作教育协会组织的重要会议、重要部署为线索，从一个侧面来反映社会工作教育反贫困的进程。我们期待有更全面、更深入、更细致地反映社会工作教育反贫困过程及其效果的著作问世；我们祝愿中国社会工作教育在反贫困过程中加快本土化、专业化、职业化进程，进一步推进反贫困社会工作研究和实务的发展。

向德平

2020 年 9 月